DBV

Mit Märchen durchs Jahr
Monatsthemen für die Kindergartenpraxis
Renate Schmidt – Karakatsanis

Don Bosco Verlag

CIP-Kurztitelaufnahme der Deutschen Bibliothek

Schmidt-Karakatsanis, Renate:
Mit Märchen durchs Jahr : Monatsthemen für d. Kindergartenpraxis /
Renate Schmidt-Karakatsanis.
– 1. Aufl. – München : Don Bosco Verlag, 1987.
  ISBN 3-7698-0576-3

1. Auflage 1987 / ISBN 3-7698-0576-3
© by Don Bosco Verlag, München
Umschlagfoto und Fotos im Text: Rudi Hohenester, München.
Textillustrationen: Max Schlegel, Gauting
Notengrafik: Ingeborg Vaas, Langenau-Altbeck
Gesamtherstellung: Echter Würzburg,
Fränkische Gesellschaftsdruckerei und Verlag GmbH

Inhalt

Vorwort	7
Januar	9
Hans im Glück	10
Zur Deutung	10
Gestaltung	11
Anregungen zum Gespräch	13
Ideen	13
Spiele	14
Lieder	15
Tänze	16
Gedichte	17
Tradition und Brauchtum	18
Februar	19
Schneewittchen	20
Zur Deutung	20
Gestaltung	21
Ideen	23
Anregungen zum Gespräch	25
Gestalten und Spielen	26
Lieder	28
Tänze	30
Gedichte	31
Tradition und Brauchtum	32
März	33
Das Liebespaar	34
Zur Deutung	34
Gestaltung	35
Anregungen zum Gespräch	37
Ideen	37
Spiele	38
Lieder	39
Tänze	40
Gedichte	41
Tradition und Brauchtum	42
April	43
Der fliegende Robert	44
Zur Deutung	44
Gestaltung	45
Anregungen zum Gespräch	47
Ideen	47
Spiele	49
Lieder	50
Tanz	51
Gedichte	52
Tradition und Brauchtum	52
Mai	53
Jorinde und Joringel	54
Zur Deutung	54
Gestaltung	55
Anregungen zum Gespräch	57
Ideen	57
Spiele	59
Lieder	61
Tanz	62
Gedichte	63
Tradition und Brauchtum	63
Juni	64
Zwerg Nase	65
Zur Deutung	65

Gestaltung	66
Anregungen zum Gespräch	67
Ideen	68
Spiele	69
Lieder	70
Tänze	71
Gedichte	71
Tradition und Brauchtum	72

Juli 73
Aschenputtel 74
   Zur Deutung 74
   Gestaltung 75
   Anregungen zum Gespräch 77
   Ideen 78
   Spiele 80
   Lieder 83
   Tänze 84
   Gedichte 85
   Tradition und Brauchtum 86

August 87
Die kleine Seejungfrau 88
   Zur Deutung 88
   Gestaltung 89
   Anregungen zum Gespräch 91
   Ideen 91
   Spiele 93
   Lieder 96
   Nixentanz 97
   Gedichte 98
   Tradition und Brauchtum 98

September 99
Der Teufel in der Nuß 100
   Zur Deutung 100
   Gestaltung 100
   Anregungen zum Gespräch 102
   Ideen 103
   Spiele 104

   Lieder 105
   Tänze 107
   Gedichte 108
   Tradition und Brauchtum 108

Oktober 109
Das Märchen vom Goldlaub 110
   Zur Deutung 110
   Gestaltung 111
   Anregungen zum Gespräch 113
   Ideen 113
   Spiele 114
   Lieder 114
   Tanz 115
   Gedichte 116
   Tradition und Brauchtum 116

November 117
Die Kürbiskinder 118
   Zur Deutung 120
   Gestaltung 122
   Anregungen zum Gespräch 123
   Ideen 124
   Spiele 125
   Lieder 126
   Laternentanz 126
   Gedichte 127
   Tradition und Brauchtum 127

Dezember 128
Die Kristallkugel 129
   Zur Deutung 129
   Gestaltung 130
   Anregungen zum Gespräch 131
   Ideen 132
   Spiele 134
   Lieder 135
   Tänze 136
   Gedichte 137
   Tradition und Brauchtum 137

Vorwort

Das Märchen erfreut sich zunehmender Beliebtheit, obwohl es weitgehend seinen angestammten Platz in der Familie mit der Institution Kindergarten tauschen muß. Auch die Art und Weise der Märchenvermittlung hat sich dementsprechend gewandelt. Das Kind hört und erlebt die Märchen in der Gruppe, außerhalb seiner gewohnten Umgebung, wodurch der unmittelbare Bezug zum Erzähler teilweise verloren geht (z. B. Schoßsitzen) und es sein persönliches Erlebnis mit anderen teilen muß.

Neue und alte Wege der Märchenerfahrung zeigt dieses Buch deshalb mit ganz praktischen Hinweisen auf. Unterschiedlichste Aktivitäten lassen die Gruppe zum Handlungspartner werden, so daß sie direkt am Märchengeschehen teil hat.

Anhand von zwölf Märchen mit entsprechenden Durchführungsvorschlägen, Vorbereitungstips und Materialangaben wird der Leser durch das Märchenjahr geführt. Lieder, Gedichte, Tänze und Spiele für Kinder sind allen Einheiten beigefügt. Dem alten Volksgut kommt darin besondere Aufmerksamkeit zu. Weitere Quellenangaben für nicht Abgedrucktes ermöglichen eine noch größere Auswahl. Die Erzieherin im Kindergarten, in Grundschulhort und Heim findet also zwölf ausgearbeitete große Monatsthemen vor, aber auch die Lehrkraft an der Grundschule und an Sonderschulen wird die jahreszeitlich bezogenen Modelle mit Gewinn verwenden können.

Das Märchen sendet verschlüsselte Informationen, die vom Kind ohne Schwierigkeiten über das Unbewußte aufgenommen werden. Diese können aber auch im Gespräch und in der gezielten Gestaltung für das Kind aufgeschlossen und dadurch verständlich gemacht werden. Gesprächs- und Gestaltungsvorschläge sind deshalb weitere wichtige Bestandteile dieses Buches. Am Ende jeder Monatseinheit finden sich zusätzlich kurze Anmerkungen zu Tradition und Brauchtum. Diese stehen dem jeweiligen Märchen meist sehr nahe und wollen den Leser dazu veranlassen, das eine oder andere gemeinsam mit den Kindern wieder zum Leben zu erwecken.

Für jedes Märchen wurde auch der Versuch einer Deutung unternommen, um Interessierten einen tieferen Einblick in den psychisch-mystischen Hintergrund zu ermöglichen. Solche Deutungen stoßen aber bei vielen immer wieder auf Ablehnung und Unverständnis. Zu ihrer Erklärung soll deshalb eigens noch darauf hingewiesen werden, daß diese Deutungen jeweils nur einen Teilaspekt abdecken können und keinen Anspruch auf Vollständigkeit erheben. Vielmehr entsprechen sie der Sicht der Autorin und versuchen ihre Intentionen der Märcheneinheiten verständlich zu machen. Sie sind in dieser Form nicht zur Weitergabe an die Kinder gedacht.

Weshalb die Märchen ihre Wahrheiten in solch bizarren Verschlüsselungen an uns weitergeben, kann die folgende kurze Geschichte deutlich machen:

Die Wahrheit ging durch die Straßen, ganz nackt, wie am Tag ihrer Geburt. Kein Mensch wollte sie in sein Haus einlassen. Jeder, der sie traf, flüchtete voller Angst vor ihr.
Eines Tages ging die Wahrheit wieder in Gedanken versunken durch die Straßen. Sie war sehr betrübt und verbittert. Da begegnete sie dem Märchen. Das Märchen war geschmückt mit herrlichen, prächtigen und vielfarbigen Kleidern, die jedes Auge und jedes Herz entzückten.
Da fragte das Märchen die Wahrheit: „Sage mir, geehrte Freundin, warum bist du so bedrückt und drehst dich auf den Straßen so betrübt herum?"
Da antwortete ihm die Wahrheit: „Es geht mir sehr schlecht. Ich bin alt und betagt, und kein Mensch will mich kennen."
Hierauf erwiderte ihr das Märchen: „Nicht, weil du alt bist, lieben dich die Menschen nicht. Auch ich bin sehr alt, und je älter ich werde, desto mehr lieben mich die Menschen. Siehe, ich will dir das Geheimnis der Menschen enthüllen: Sie lieben es, daß jeder geschmückt ist und sich ein wenig verkleidet. Ich will dir solche Kleider borgen, mit denen ich angezogen bin, und du wirst sehen, daß die Leute auch dich lieben werden."
Die Wahrheit befolgte diesen Rat und schmückte sich mit den Kleidern des Märchens. Seit damals gehen Wahrheit und Märchen zusammen, und beide sind bei den Menschen beliebt.
(Aus I. Z. Kanner, Jüdische Märchen, „Die Wahrheit und das Märchen", © 1978 Fischer Taschenbuch Verlag, Frankfurt am Main)

Die überall leicht zugänglichen Märchen aus der Sammlung der Brüder Grimm, von Hans Christian Andersen und Wilhelm Hauff, wurden aus Platzgründen nicht eigens abgedruckt, wohl aber die weniger bekannten.
Bei einigen Spielen und Liedern konnten die Rechte nicht eindeutig geklärt werden; für Hinweise wären Verlag und Autorin dankbar.
Das Hauptziel dieses ganz der Praxis entwachsenen Buches ist es, daß möglichst viele Kinder – etwa im Alter von drei bis acht Jahren – vertiefte Bekanntschaft machen mit Märchen, dem kostbaren Schatz volkstümlicher und künstlerischer Überlieferung.

Renate Schmidt-Karakatsanis

Januar

Es kommt eine Zeit
da werden die Könige unruhig
und sie fragen ihre Diener
Wohin sollen wir gehen

Die Diener sehen sich an
und fragen
Wohin

Da stehen die Könige auf
und gehen

Es kommt eine Zeit
da werden die Sterne unruhig
und fragen
Wer ist der schönste unter uns

Und die Sterne sehen sich an
und fragen
Welcher mag es sein

Die Könige aber sagen
Ich heiße Balthasar
Ich heiße Melchior
Ich heiße Kaspar

Und Kaspar ruft
Da fliegt ein Stern
mit langem goldnem Haar

(Alle 12 Monats-Gedichte von Elisabeth Borchers, aus: Und oben schwimmt die Sonne davon, von Elisabeth Borchers und Dietlind Blech, © Verlag Heinrich Ellermann, München)

Das Januar-Märchen – aus der Sammlung der Brüder Grimm:

Hans im Glück

Zur Deutung

Hans im Glück ist ein typisches Schwankmärchen aus der Sammlung der Gebrüder Grimm. In ihm erfahren wir über all die Lüste des Lebens wie das Essen, Trinken und Schlafen bis hin zur Triebhaftigkeit. Klugheit, Faulheit und Dummheit stehen dabei im Dienste des momentanen Lustgewinns. Der Zuhörer aber hat seine Freude daran, denn mit schmunzelnder Überlegenheit sieht er dem Treiben zu, das für ihn – ganz anders als im wirklichen Leben – mühelos durchschaubar ist. Alles geschieht aus sich selbst heraus. Statt einer Abfolge von großen Taten, Entbehrungen und schließlich der Krönung des Märchenhelden erleben wir in einer bequemen Kettenform ein Schauspiel erfüllter Lüste, und selbst der Verlust kehrt sich in einen Gewinn um, indem er der Behaglichkeit des Helden entgegenkommt. Was sonst zurückgestellt werden muß, um Höheres zu erlangen, wird hier ohne schlechtes Gewissen lustvoll ausgelebt, und endlich verkehrt es sich völlig, so daß das Niedrige über das Höhere triumphiert. Daran erkennen wir, daß das Schwankmärchen nicht gleichbedeutend mit Scherz ist. Denn es geht trotz allem in die Tiefe – wie jedes Märchen. Am Ende schleppt Hans die drei Schleifsteine bis zu einem Brunnen. Dort legt er sie auf den Rand ab, um Wasser zu trinken. Scheinbar unabsichtlich stößt er sie in den Brunnen, um nun glücklich und unbeschwert heim zur Mutter zu laufen. Offensichtlich handelt es sich hier um eine Fehlleistung, die seiner unbewußten Absicht entspringt. Die Heimkehr zur Mutter aber ist eindeutig ein Rückschritt auf die „sorgenlose" Kleinkindstufe. Anders als all die sonstigen Märchenhelden, die auf dem Weg der Reifung Aufgaben lösen, Kostbarkeiten dafür erwerben und endlich weit weg vom elterlichen Zuhause ein eigenes Königreich auftun, macht sich Hans auf den Rückzug und verliert Stück um Stück den ursprünglich verdienten Schatz. Dabei empfindet er aber keineswegs Trauer um den Verlust, sondern freut sich unverhohlen über die Erleichterung. Diese ungenierte Freude, alle Schätze, die sich ihm nach und nach als Lasten (Verantwortung) darstellen, los zu sein, kann ihm der Zuhörer gut nachempfinden. In jedem von uns steckt auch ein Hans im Glück, der gern einmal das Leichtere wählt. Statt Spannung bietet Hans im Glück Entspannung und zeigt uns die Kunst, das Leben leicht zu nehmen. Ein Verlust ist nicht wirklich immer ein Verlust, es kommt nur auf die eigene Sicht der Dinge an. Hans rafft nicht oder versucht zumindest nicht das bisher Erreichte zu halten, er gibt es ohne Gewissensbisse hin und läßt sich auf Neues ein. Läge sein Ziel, wie in den anderen Märchen, vor ihm und nicht wie hier hinter ihm in der Sorglosigkeit der Kindheit und Verantwortungslosigkeit, dann wäre er nicht Hans im Glück. So aber kann er allen Entwicklungen um ihn herum gelassen und fröhlich begegnen, denn statt mühseligen Treppensteigens hüpft er lustig die Treppen hinab, was tatsächlich leichter fällt und glücklicher macht. Trotzdem bleibt dem Zuhörer nicht verborgen, daß Hans im Glück den Zugang zur eigentlichen Welt nicht findet.

Symbole
Goldklumpen, Pferd, Kuh, Schwein, Gans, Schleifsteine, Weg, Brunnen, Zuhause

Aus vielen Märchen ist uns die Suche nach dem Schloß der goldenen Sonne bekannt. Eine goldene Krone schmückt schließlich den Helden, den König über sich selbst. Immer sind es scharf umrissene Gegenstände aus Gold wie ein Ring, ein Schwert, Kelche oder eben eine Krone. Bei Hans im Glück aber ist es ein *Goldklumpen*, also ungeformte Materie. Das heißt, Hans besitzt einen Reichtum an Energie, der aber nur nutzbar für ihn wird, wenn er seine Anlagen bearbeitet, sie veredelt und ihnen Gestalt gibt. Statt seinen Besitz aber geschickt einzusetzen, tauscht er ihn aus Bequemlichkeit gegen momentane Bedürfnisbefriedigung.

Dabei steht das *Pferd* als Symbol für die Natur-Intelligenz. Pferde sind besonders sensibel, so daß sie mit Lust äußerst konzentrierte Leistungen erbringen können. Wenn sich der Märchenheld vom Pferd tragen läßt und es in seinen Besitz nimmt, erfährt er die der Natur innewohnenden Gesetze. Er nimmt sie in sich selbst auf und wird sich nun in der Natur „zurechtfinden". Das Pferd wirft aber Hans im Glück ab, und erst ein Bauer, der die Naturgesetze begreift und wissend umsetzt, kann es wieder einfangen.

Die beiden tauschen ihre Habe, und so bekommt Hans die *Kuh*. Sie ist das Symbol vegetativer Lebenskraft. Sie nährt und baut den Menschen mit ihrer Milch auf. Aus ihr strömt nicht die Dynamik des Pferdes, sondern eine ruhevolle Kraft und Erdnähe. Hans aber kann seine Kuh nicht melken, er kann ihre Kraftimpulse nicht in ein umfassendes Gesamtbild einfließen lassen, da er für sich selbst noch keines geschaffen hat. So bleibt ihm die Frucht verwehrt – der Topf mit Milch wird verschüttet.

Wieder erfolgt der Tausch. Diesmal bekommt er ein *Schwein*. Das Schwein, das sich mit Wonne im Schlamm suhlt und mit der Schnauze im Erdreich wühlend nach Nahrung sucht, steht als Symbol für den Fortpflanzungstrieb. Aber Hans tauscht es gegen eine *Gans*, da man ihm erzählt, es sei gestohlen und somit nicht sein rechtmäßiger Besitz. Auch die Gans läßt ihn an die leiblichen Genüsse denken: Braten, Fett und Federn für ein sanftes Ruhekissen. Doch wenn wir uns statt einer Hausgans eine Wildgans vorstellen, verstehen wir die ursprüngliche Symbolik der Gans im Märchen. Sie stellt die noch verschleierte irdische Intelligenz dar, die ihre Überhöhung im Bild des Schwans findet.

Als Hans im Glück die für die Gans eingetauschten drei abgewetzten *Schleifsteine* in den *Brunnen* (Symbol der Unter- und Innenwelt) fallen läßt, denken wir an den eingangs beschriebenen Goldklumpen (Symbol des Energiereichtums), der sich nun in den wertlosen Steinen sichtbar als verbrauchte Energie darstellt, die unwiederbringlich ins Unter- und Unbewußte absinkt.

Hans im Glück fällt daraufhin auch folgerichtig zurück in den Schoß der Mutter, wo er seine Eigenpersönlichkeit vollends aufgibt.

Literatur (zu allen zwölf Deutungsversuchen)

Bruno Bettelheim, Kinder brauchen Märchen, dtv 15010
Friedel Lenz, Bildersprache der Märchen, Urachhaus-Verlag, Stuttgart 1972
Max Lüthi, So leben sie noch heute. Betrachtungen zum Volksmärchen, Kleine Vandenhoeck-Reihe 1294, Göttingen 1976[2]
Ortrud Stumpfe, Die Symbolsprache der Märchen, Aschendorff Verlag, Münster 1982[5]

Gestaltung

Material

Gegenstände aus dem Märchen: ein Goldklumpen (zerknülltes Goldpapier), ein Hufeisen, eine Kuhglocke, ein Marzipanschweinchen, eine Gänsefeder, eine Schere mit einem Stein (Schleifstein); zwei Tücher, Servietten, ein Messer, ein „Bohnenkuchen", zwei Kronen, Verkleidungssachen für das Königsspiel

Vorbereitung

Es wäre schön, den Kuchen zusammen mit den Kindern am Vortag zu backen. Die Erzieherin muß das Märchen gut kennen, um die Gegenstände in richtiger Reihenfolge unter das Tuch zu legen. Beim Erzählen soll es nicht auf die farbige Ausmalung, sondern auf das Wiedererkennen und den Symbolgehalt des Märchens ankommen.

Durchführung

Die Kinder erzählen, wie sie zu Hause Silvester und Neujahr gefeiert haben: Was war das Besondere an diesem Tag? Hat jemand Neujahrskarten geschrieben oder bekommen? Wurde Blei gegos-

sen? Welche Glücksbringer kennst du? Was bedeuten sie wohl im einzelnen?
In der Kreismitte liegt ein Tuch. Darunter sind verdeckt sieben Gegenstände (siehe Materialangabe) gelegt worden.
Die Erzieherin äußert dazu einleitend: „Ich kenne ein Märchen, in dem einige Glücksbringer vorkommen. Sicher kennt ihr es auch!"

Sie deckt das Tuch auf, so daß der „Klumpen Gold" zum Vorschein kommt. Wer das Märchen zu kennen glaubt, beginnt mit dem Erzählen. Die Erzähler wechseln sich ab, und bei jedem neuen Gegenstand des Märchens wird der dazu passende aufgedeckt.
Nun breitet die Erzieherin in der Mitte des Tuches eine Serviette aus und sagt dabei: „Bestimmt wurde der Hans zu Hause von der Mutter mit einem Kuchen begrüßt. Doch es ist ein ganz besonderer, nämlich ein Bohnenkuchen!" Die Erzieherin stellt den Kuchen auf die Serviette. Was ist anders an diesem Kuchen? Wer weiß, was ein Bohnenkuchen ist? (Früher war es Brauch, am 6. Januar, am Dreikönigstag, einen Bohnenkuchen zu backen. Meist ist es ein Hefekuchen mit einer Bohne darin. Wer das Kuchenstück mit der Bohne bekommt, ist den ganzen Tag über der König.)

Das Bohnenkönigsspiel
Die Erzieherin setzt die Krone aus Goldpapier auf den Kuchen. Wer sie erhält, wählt als König(in) seine(n) König(in) und ernennt den Hofstaat, der ihn tagsüber nun bedient: Der Mundschenk z. B. sorgt für die Getränke und gießt ein. Sänger, Musikanten, Tänzer usw. sind für die Unterhaltung verantwortlich. Außerdem könnten Köche, Hofnarren, Ärzte, Schneider u. a. ihre Künste erweisen.

Immer wenn der König und die Königin trinken, rufen alle: „Der König, die Königin trinkt!" Wer einen Fehler macht, muß ein Pfand „zahlen" oder bekommt einen schwarzen Strich ins Gesicht.
Zu diesem Spiel sollte reichlich Verkleidungsmaterial vorhanden sein, damit sich die Kinder passend kostümieren können.

Anregungen zum Gespräch

1. Ist „Hans im Glück" glücklich? Was bedeutet glücklich sein oder Glück haben? Können wir selbst dazu beitragen?
   Die Kinder erzählen von ihren eigenen Erlebnissen und vergleichen diese dann mit dem Märchen. Sie stellen fest, worin Hans sein Glück sieht, nämlich im Nachhause-Kommen.
2. Wir sprechen über die Begriffe: geben – nehmen, schenken – bekommen, tauschen.
   Was gefällt dir selbst am Schenken und Beschenkt-Werden? Was magst du lieber und warum? Auf was kommt es dir beim Tausch an? Der Ausspruch: „Gibst du mir, so geb' ich dir!"
3. Wir unterhalten uns mit „Hans im Glück":
   Die Kinder geben dem Hans (Handpuppe, von der Erzieherin geführt und gesprochen) Ratschläge, was er anders machen soll.

Ideen

– Wir erzählen und spielen Heimkomm-Szenen: fröhliches, trauriges, unbeachtetes, verängstigtes Heimkommen.
– Wir erleben die Begriffe „schwer" und „leicht". Die Kinder lassen verschiedene Gegenstände fallen und ahmen das Fallen mit den Händen und dann mit dem ganzen Körper nach: z. B. eine Feder, ein Geldstück, ein Hufeisen, einen Stein usw.
– Welcher Gegenstand scheint uns leicht und welcher schwer zu sein? Die Kinder reihen die Gegenstände nach ihrer Schwere ein und versuchen das Gewicht zu schätzen. Wer richtig geordnet hat, erhält einen kleinen Gewinn.
– Wir spielen Körperspiele: Ein Kind legt sich mit geschlossenen Augen auf den Boden. Nun fassen alle anderen mit an, heben es hoch und tragen es vorsichtig zu einem vorher ausgemachten Platz. Das zu tragende Kind kann bestimmen, wie und wohin es getragen werden will. Wir sprechen über das Spielerlebnis:
  • Getragen zu werden, ist schön. Ich schließe meine Augen und lasse mich einfach tragen. (Aber auch Unsicherheit und Ängste werden erlebbar!)
  • Jemanden zu tragen, ist nicht so einfach. Ich muß gut aufpassen, daß ich ihn nicht fallen lasse oder er irgendwo anstößt.
– Wir gehen auf den Bauernhof und beobachten die Kühe, Schweine und Gänse.
– Wir besuchen einen Reitstall und erleben Pferde. Die Kinder teilen ihre Tierbeobachtungen mit und ahmen die Tierstimmen, Geräusche, Bewegungen und Lebensgewohnheiten nach. Dazu singen und spielen wir das Lied: „Onkel Jörg hat einen Bauernhof" und setzen die beobachteten Tiere in die Strophen ein.
– Die Kinder erzählen von ihren Haustieren. Ein

Tier bringt nicht nur „Spielfreude", sondern auch Verantwortung und Pflege mit sich.
- Tiere aus kostenlosem Material basteln. Vorschläge in:
Wolfgang Vater/Wolfgang Gassert, Basteln und Werken, Rehabilitationsverlag, Bonn-Bad Godesberg 1979
- Wir falten alle Tiere aus Papier. Faltvorschläge in:
Marian van Vliet, Papierfalttechnik, Frech-Verlag, Stuttgart 1966
Manfred Bacher, Spiel mit Wind und Papier, Arena-Verlag, Würzburg 1978
Irmgard Kneißler, Origami-Kinderbuch, Otto Maier Verlag, Ravensburg 1982
- Wir gestalten die Tiere aus dem Märchen: Die Erzieherin bespricht mit den Kindern die verschiedenen Merkmale und Unterschiede der Tiere. Dann bekommt jedes Kind einen Goldklumpen (einen Batzen Ton), um daraus ein Tier des Märchens zu formen.
- Wir spielen das Märchen mit unseren selbstgeformten Figuren (Tieren) am Tisch nach.
- Wir kehren das Märchen einfach einmal um: „Es war einmal ein Hans im Glück, der ging von zu Hause fort, um sein Glück zu machen. Außer drei Schleifsteinen hatte er nichts bei sich. Da begegnete er einem Burschen mit einer Gans usw."
Wie geht das Märchen wohl weiter?
Was muß geschehen, damit Hans für seine drei Schleifsteine den Klumpen Gold bekommt?
Müßte er dazu nicht ein ganz anderer Mensch sein?
- Wir eröffnen einen Flohmarkt ohne Geld: Die Kinder tauschen untereinander Spielsachen und andere Dinge wie Heftchen, Bücher usw. Die Erzieherin spricht mit den Kindern über Sinn und Unsinn des Tauschens. Wie sollen sich alle beim Tauschen verhalten?

Spiele

Stich das Schweinchen
Die Kinder malen ein großes Schwein, in dessen Mitte eine Zielscheibe gezeichnet wird. Sie hängen das Plakat an die Wand. Nun läuft jedes Kind mit ausgestrecktem Arm auf das Schweinchen zu, um den Zielscheibenmittelpunkt mit dem Zeigefinger zu treffen. Wer schafft es mit verbundenen Augen?
Ebenso kann jedes Tier aus „Hans im Glück" auf ein Plakat gemalt werden. Doch, o Schreck, das Pferd, die Kuh, das Schwein und die Gans haben kein Schwänzchen. Das haben die Kinder extra auf Karton gemalt, ausgeschnitten und auf der Rückseite mit doppelseitigem Klebeband versehen. Wer kann alle Schwänze mit verbundenen Augen den Tieren richtig zuordnen und an der passenden Stelle anbringen?

*Weiteres passendes Spiel: Hänschen, piep einmal
Kreissingspiel: Hänschen, was machst du?*

Lieder

Hänschen klein

Hänschen klein ging allein
in die weite Welt hinein,
Stock und Hut stehn ihm gut,
ist gar wohlgemut,
aber Mutter weinet sehr,
hat ja nun kein Hänschen mehr.
Wünsch' dir Glück, sagt ihr Blick,
kehr nur bald zurück!

Sieben Jahr, trüb und klar,
Hänschen in der Fremde war,
da besinnt sich das Kind,
eilet heim geschwind.
Doch nun ist's kein Hänschen mehr,
nein, ein großer Hans ist er,
Stirn und Hand braun gebrannt,
wird er wohl erkannt?

Eins, zwei, drei gehn vorbei,
wissen nicht, wer das wohl sei.
Schwester spricht: „Welch Gesicht!"
kennt den Bruder nicht.
Kommt daher die Mutter sein,
schaut ihm kaum ins Aug hinein,
ruft sie schon: „Hans, mein Sohn!
Grüß dich Gott, mein Sohn!"

Spielbeschreibung

Geschlossener Kreis. Blick zur Mitte. Hänschen wurde vorbestimmt, die Mutter auch. Beide sind bei der ersten Strophe zuerst noch im Kreis eingereiht, der fröhlich rundherum wandert. Bei „aber Mutter weinet sehr" verlassen Hänschen und die Mutter den Kreis (der sich sofort wieder schließt) und treten in die Mitte. Dann läuft Hänschen eilig durch den Kreis davon. Die Mutter geht von der Mitte aus an den Kreis heran, sieht Hänschen nach, winkt und weint, weil er auf die lange Wanderschaft geht.

Bei der zweiten Strophe geht die Mutter traurig zur Kreismitte zurück und setzt sich nieder. Der geschlossene Kreis bewegt sich langsam nach rechts und nach links herum, je eine halbe Strophe lang. Hänschen kommt aus der weiten Welt zurück. Wo er gerade ankommt, öffnet man ihm den Kreis.

Er geht hinein, und während der Kreis weiter seine Runden zieht, geht Hänschen mehrmals innen am Kreis entlang, bis er seine Schwester findet, die ihn genau ansieht und doch nicht erkennt. Bei „kommt daher die Mutter sein" sieht die Mutter auf, erkennt ihren Sohn und begrüßt ihn.

Wir spielen und singen Lieder zum Thema „fröhlich und traurig sein", z. B.:
„Es tanzt ein Bi-Ba-Butzemann..."
„Trauer, Trauer, hab verloren meinen Ring" usw.
Die Kinder spielen mit Mimik und Gestik „glücklich und traurig sein" vor: z. B. lachen, singen, hüpfen, springen, sich drehen, klatschen... oder weinen, betrübt dreinschauen, die Hände vor das Gesicht halten, schleppenden Gang, Schultern hängen lassen usw. Dabei fällt den Kindern auf, daß „glücklich sein" im Gegensatz zu „traurig sein" heller und eventuell auch lauter wirkt.

Weitere passende Lieder

Froh zu sein, bedarf es wenig,
und wer froh ist, ist ein König. (Kanon)

„Ich bin ein kleiner König"
„Wir kommen daher ohn allen Spott"
in: Wir kleinen Sänger, Bayerischer Schulbuchverlag, München
„Hans im Glück"
„Das Lied von den Gefühlen"
in: Klaus W. Hoffmann, Wenn der Elefant in die Disco geht, O. Maier Verlag, Ravensburg

„Es war einmal ein Hans, juchhe"
„Wenn ich ein Kuchen wär"
in: Dorothée Kreusch-Jacob, Das Liedmobil, Verlag H. Ellermann, München

„Scherenschleifen"
in: Meinolf Neuhäuser, Bunte Zaubernoten, Verlag M. Diesterweg, Frankfurt/M.

„Der Scherenschleifer"
„Muh, muh, muh"
in: Richard Rudolf Klein, Willkommen, lieber Tag, Bd. I, Verlag M. Diesterweg, Frankfurt/M.

„Der kleine Nachtwächter"
in: Viel Glück und viel Segen, O. Maier Verlag, Ravensburg

Tänze

Hans, bleib da!

Aus Thüringen

Hans, bleib da! Du woaßt ja net, wia's Weder werd.
Hans, bleib da! Du woaßt ja net, wia's werd.
Es kennt renga oder schneim oder aa schee Weder bleim.
Hans, bleib da! Du woaßt ja net, wia's werd.

Tanzbeschreibung: beliebig viele Paare in offener Fassung.
T = Takt, W = Wiederholung.

T 1–8:	Das Paar tanzt mit Hüpfschritten – Außen-Fuß beginnt – in Tanzrichtung vorwärts.
W 1–8:	In gewöhnlicher Fassung mit Hüpfschritten in Tanzrichtung rundtanzen.
T 9–10:	Während er stehen bleibt und sich nach links hin von ihr abwendet, tanzt sie mit zwei Nachstell-Schritten – beidemal rechts – vorwärts in Tanzrichtung.
T 11–12:	Nun gehen beide gleichzeitig drei gewöhnliche Schritte vorwärts, dabei holt er sie wieder ein.
T 13–16:	Nochmals wie Takt 9–12 tanzen.
W 9–10:	Beide mit zwei seitlichen Nachstell-Schritten auseinandertanzen.
W 11–12:	Beide drei gewöhnliche Schritte vorwärtsgehen.
W 13–14:	Beide kommen wieder mit zwei seitlichen Nachstell-Schritten nebeneinander zurück.
W 15–16:	Sie geht jetzt drei gewöhnliche Schritte vorwärts und er gleichzeitig drei ebensolche Schritte rückwärts, so daß das Paar bei jeder Wiederholung den Partner wechselt. Der Tanz wird beliebig oft wiederholt.

Weitere Tänze

„Ei, so tanzt der Hansel"
Melodie: aus Frankreich; Text: E. Nebeling, in: Tanz mit, Fidula-Verlag, Boppard, oder in: Hannelore Krause-Wichert, Kindertänze, G. Kallmeyer Verlag, Wolfenbüttel

„Hänslein, kannst du tanzen?"
in: Klare, klare Seide, Bärenreiter-Verlag, Kassel, oder in: Edith Schuhmacher, Singspiele und Kindertänze für Kindergarten, Vor- und Grundschule, Verlag K. Hofmann, Schorndorf

Gedichte

Scherenschleifen

Scherenschleifen, Scherenschleifen,
ist die beste Kunst!
Die rechte Hand, die linke Hand,
die geb ich dir zum Unterpfand.
Da hast sie, da nimm sie,
da hast sie alle beide!
Und wenn du sie nicht brauchen kannst,
dann gib sie wieder her,
die schöne goldne Scher.

(Aus dem Burgenland)

Weitere Gedichte
„Neujahrswünsche"
„Wir ziehen als Könige"
in: Bruno Horst Bull (Hrsg.), Verse zum Feiern. Glückwünsche im Lebens- und Jahreslauf, Don Bosco Verlag, München
„Eine Krone rollt"
in: Hans Baumann, 1:0 für uns Kinder, Stalling Verlag, Oldenburg
„Die Heiligen drei Könige", von Günter Goepfert
in: Liselotte Musil, Es war so lange Tag..., Verlag L. Auer, Donauwörth
„Glück"
in: Helmut Zöpfl, Die schönsten Kindergedichte, W. Ludwig Verlag, Pfaffenhofen
„Glück gehabt"
in: Die Stadt der Kinder, G. Bitter Verlag, Recklinghausen
„Ich bleib zurück"
in: Norman Junge/Monika Seck-Agthe, Lehn dich an und träume, Verlag Beltz & Gelberg, Weinheim 1985

Tradition und Brauchtum

So wie Hans im Glück von seinem Herrn einen Klumpen Gold mit auf den Weg bekommt, hat früher der Pate dem Patenkind Goldstücke in die Windel gesteckt, damit ihm das Geld im Leben nie ausgehe. Schließlich aber tauscht Hans den Goldklumpen gegen ein Pferd. Das Pferd, vor allem der Schimmel, ist ein Zeichen des Glücks und gilt im Volkstum als Glücksbringer (Hufeisen).
Dem Pferd folgt die Kuh. Auch das Rind hat im Volksglauben seinen Platz: „Das Glück ist ein Rindvieh..." Da es (wenn auch als Ochse) das Jesuskind hütete, beginnt es in der Heiligen Nacht zu sprechen. Doch aus Furcht vor der gelösten Natur darf man es nicht belauschen.
Für die Kuh handelt sich Hans ein Schwein ein. Das Schwein gewinnt im Volkstum als Wachstumsdämon große Bedeutung („Schwein gehabt"). So zerschlug man die Knochenreste des Schweinebratens und mischte sie unter das Saatgut, um eine gute Ernte zu beschwören.
Ebenso glaubte man, der Korn- und Erdgeist lebe in der Gans. Aus diesem Grund wird dem Gänsefett übernatürliche Segens- und Heilkraft zugeschrieben. Mit Hilfe des Brustknochens versuchte man sogar in die nähere Zukunft zu blicken.
Am Ende bleiben dem Hans drei Schleifsteine, die er vor seiner Heimkehr in den Brunnen fallen läßt. Steine haben den Menschen seit jeher fasziniert. Früher glaubten viele an die Wunderkräfte des Gesteins. Aufgrund von Formen und Farben sprach man ihm die unterschiedlichsten Heil- und Segenskräfte zu. Es ist deshalb nicht verwunderlich, daß der Volksglaube, den Monaten entsprechend, verschiedene Geburtstagssteine als Glücksbringer kennt.

Februar

Es kommt eine Zeit
da sagt die Krähe
Ich mache jetzt eine lange Reise

Sie setzt sich auf eine Eisscholle
und treibt den Fluß hinunter

Die Welt ist weiß
vor lauter Schnee
nur ich bin schwarz
Im Sommer möchte ich weiß sein
schneeweiß
Im Sommer möchte ich
eine Möwe sein
die ihre weißen Federn
über blaue Meere trägt

Krah-krah sagt die Krähe
das heißt
Schwarz-schwarz

Elisabeth Borchers

Das Februar-Märchen – aus der Sammlung der Brüder Grimm:

Schneewittchen

Zur Deutung

Schneewittchen ist eines der bekanntesten und beliebtesten Volksmärchen. Im Gegensatz zu manch anderen Märchen zeigt sich die Hauptperson allerdings äußerst passiv. Die Stiefmutter steht weit mehr im Vordergrund, so daß es sich hier wohl um die Darstellung des Mutter-Tochter-Konfliktes handelt. In diesem Zusammenhang vermittelt uns das Märchen ein altbekanntes Entwicklungsproblem. So erleben wir unmittelbar die Suche nach der eigenen Identität. Sie ist eng verknüpft mit dem Mutterbegriff. Die ursprünglichen Geborgenheiten (vorgeburtliches Stadium!) erfahren zwangsläufig immer mehr Erschütterungen. Das Kind fühlt sich „ausgeschieden" und zunehmend abgetrennt. Diese Trennung vollzieht sich nicht nur körperlich, sondern äußerst sich auch darin, daß die Mutter ihrem Kind Wünsche abschlägt und nicht jedes momentane Bedürfnis erfüllt. Plötzlich muß das Kind verzichten, zurückstecken und gleichzeitig den Schock verarbeiten, nicht mehr allein maßgebend zu sein.

In unserem Märchen hat die Stiefmutter die gute Mutter verdrängt. „Ist das meine Mutter?" „Bin ich ihr Kind?" „Wer bin ich?" Auf diese Fragen sucht das Kind Antworten, auch noch lange nach der bewußt vollzogenen Trennung. Nämlich dann, wenn der gleichgeschlechtliche Elternteil nicht mehr nur als eigenständiges Gegenüber, jedoch noch nicht als Identifikationsfigur, sondern als Rivale um den andersgeschlechtlichen Elternteil erlebt wird. Aber nicht nur das Kind scheint die gegebenen Tatsachen neu zu hinterfragen, wie es im Märchen deutlich wird. Das Kind als Spiegel der Eltern führt ihnen durch sein Heranreifen das eigene Altern vor Augen, was von narzißtischen Eltern durchaus als Bedrohung empfunden werden kann. So beginnt auch im Märchen dieser Konflikt mit der krankhaften Eifersucht der Königin auf Schneewittchens Schönheit. Schneewittchen ist gerade sieben Jahre alt. Ein Alter also, in dem die ödipale Auseinandersetzung, das Interesse am andersgeschlechtlichen Elternteil, eingesetzt hat. Dabei entfernt sich das Mädchen zwangsläufig mehr von der Mutter, ja es möchte sie insgeheim sogar lieber loshaben. Das aber löst Schuldgefühle und Angst aus, die nur durch Projektion bewältigt werden können. Nicht es selbst will demnach die Mutter loshaben, die zwischen ihm und dem Vater steht, sondern die Mutter ist es, die es von sich stößt. Der Jäger (Vertreiber aller bösen Tiere, die das Kind in seinen Tag- und Nachtträumen bedrohen und Ausgeburten seiner Schuld- und Angstgefühle sind) ist die Vaterfigur im Märchen und soll Schneewittchen töten. Aber er täuscht die Stiefmutter und errettet es, statt es zu töten. Doch es ist eine halbherzige Rettung, denn er denkt, die wilden Tiere werden es schon zerreißen. Auf diese Weise versucht der Jäger Schneewittchen wie auch der Stiefmutter gerecht zu werden. So eben, wie das Kind den Vater durchaus auch erlebt.

Mit dem Griff zur Projektion kann sich das Kind vor allem seiner Schuldgefühle entledigen, aber die Angst vor Bedrohung durch die Mutter bleibt, die ja wohl in seinen Augen tatsächlich einen Grund hat, es loswerden zu wollen. Deshalb bricht die Stiefmutter immer neu in sein Zwergenhaus ein, den Rückzugsort des Kindes auf die konfliktfreie vorjugendliche Periode. Die Zwerge, in der Entwicklung stehengebliebene Männlein (vorödipale Existenzen), leben zufrieden im unveränderlichen Arbeitszyklus im Bauch der Erde dahin. Schneewittchen findet hier den Schritt zur verantwortlichen und nützlichen Arbeit, dem Interesse entsprechend, das Mädchen in diesem Alter der Hausarbeit entgegenbringen. Aber da es, anders als die Zwerge, in einen Entwicklungs- und Reifungsprozeß eingebunden ist, muß es sich mit seiner sexuellen Begierde allein auseinandersetzen. So findet die Stiefmutter als Verführerin Zugang in ihr „Haus". Zum Schluß reicht sie Schneewittchen einen weiß- und rotbackigen Apfel. (Schneewittchen selbst wird als weiß-rot-schwarz geschildert.) Indem Schneewittchen von der roten Apfelhälfte kostet, verliert sie ihre „Unschuld" und kann von den Zwergen nicht mehr gerettet werden. Nun ist das Kind in ihr gestorben und wird in den gläsernen Sarg gelegt, wo sie die Vorbereitungszeit zur vollendeten Reife erfährt. Der Prinz nimmt die rechtmäßige Stelle ein, wodurch der ödipale Konflikt als erfolgreich gelöst gelten kann und nun auch die bösen Aspekte der Stiefmutter getötet werden können. Schneewittchen, das jetzt frei von Projektionszwängen und Schuldgefühlen ist, kann von ihnen nicht mehr bedroht werden, denn es hat gelernt, seine Leidenschaften zu kontrollieren, und erfahren, daß ungezügelte sexuelle Eifersucht gegen andere die eigene Existenz zerstören würde.

Mit der Frage nach der Existenz und der Suche nach Identität stößt das Kind/Schneewittchen auch auf die Tatsache, daß alles eine Kehrseite hat. Was gut ist, wird böse, aber auch das Böse wandelt sich zum Guten. Es beginnt mit der Wandlung der Mutter, setzt sich fort im Spiegel, der statt der eigenen Schönheit die des anderen preist; im Apfel, im Symbol des Lebens, nunmehr einem Todesbringer; im Schmuck (Kamm, Schnürbänder), der statt Glanz und Freude Dunkelheit und Trauer erzeugt; schließlich in den Schuhen, die als glühende Pantoffeln statt Schutz Schaden bewirken. Doch am Ende hat gerade dies zur Folge, daß sich Böses zu Gutem verwandelt. Die Stiefmutter will Schneewittchen vernichten und erreicht damit das Gegenteil. Indem sie den Jäger (Sinnbild der Lebensordnung) beauftragt, Schneewittchen (die Seele) im Wald (unerschöpfliche Naturmächte) zu töten, und es so von sich stößt, gelangt es zu den Zwergen (den Naturwesen), heiratet schließlich den Prinzen (die Lichtwelt des Geistes) und wird selbst Königin (Verwalterin der Erde).

Das Märchen spiegelt also nicht nur die menschliche Problematik des Alterns und die dabei entstehende Eifersucht und den Neid auf die Jugend schlechthin wider, sondern zeigt vor allem die Entwicklung und den Reifungsprozeß auf, der nötig ist, um als vollwertiger Mensch positiv wirksam zu werden. Dazu mußte Schneewittchen den Weg durch das Dunkel des Leidens und Sterbens gehen, um aus der Tiefe in die Höhe zu gelangen; denn nur der erfolgreiche und oft schmerzhaft erlebte Abschied von der Kindheit ermöglicht den Gewinn einer wachen Eigenpersönlichkeit.

Gestaltung

Material
Ein Spiegelrätsel, ein Korb mit verschiedenen Spiegeln (je Kind einer), ein großer, alter, möglichst halbblinder Spiegel, ein schwarzes Tuch und eine Kerze, ein Hammer und ein Nagel.

Durchführung
Die Kinder sitzen im Kreis, um „Wer ist der Dirigent?" zu spielen. Ein Kind verläßt den Raum. Der Dirigent wird aus der Kindergruppe bestimmt. Nun kommt das Kind zurück und stellt sich in die Kreismitte, während alle Kinder eine bestimmte Bewegung ausführen. Plötzlich ändert sich bei al-

len die Bewegung immer wieder. Wer führt die Gruppe an? Wenn das Kind den Dirigenten gefunden hat, ist die Runde beendet, und ein anderes Kind verläßt den Raum, um im nächsten Spiel den Anführer zu finden.

Die Erzieherin spricht ein Spiegelrätsel:
> Jedem zeigt er ein anderes Gesicht.
> Selber hat er keins.
> Weißt du, wer das ist?

Nachdem die Kinder das Rätsel gelöst haben, sammeln sie verschiedene Spiegel, z. B. Handspiegel, Wandspiegel, Taschenspiegel, Garderobenspiegel, Schrankspiegel, Toilettenspiegel, Rückspiegel, Rasierspiegel ... Es gibt auch lustige Spiegel, die alles verzerren. Die Gestalt wird lang und dünn oder klein und breit und das Gesicht zu einer Fratze. Auch Glaskugeln (Christbaumkugeln) können als Zerrspiegel dienen. Wer kennt das Spiegelkabinett (Irrgarten) vom Rummelplatz?

Die Erzieherin bringt einen Korb mit verschiedenen Spiegeln in den Kreis. Die Kinder nehmen die Spiegel heraus und tauschen sie beim Betrachten untereinander aus (zur Vorsicht mahnen!).
„Welcher gefällt dir am besten?"
„Was kann man alles mit einem Spiegel machen?"

Spiegelspiele der Kinder:
– sich die Haare kämmen;
– sich einen Schlips oder eine Schleife vor dem Spiegel binden;
– sich gleichzeitig in beide Augen blicken;
– wilde Fratzen vor dem Spiegel üben.
– Wie gefalle ich mir am besten?
– Mit dem Spiegel kann man blenden, wenn die Sonne scheint.
– Wir richten den Spiegel nach der Sonne und finden einen gemeinsamen Brennpunkt. Fängt der Strohhalm oder das Stück Zeitung darunter Feuer?
– Wir betrachten uns von Kopf bis Fuß und von allen Seiten im Spiegel.
– Ich stelle mich mit dem Rücken zur Gruppe und beobachte alle durch den Spiegel. Ich versuche über den Blick in den Spiegel mit den Kindern eine bestimmte Figur zu bilden.
– Wir sitzen im Kreis und drehen die Spiegel so, daß die ganze Gruppe darin zu sehen ist. Wir probieren auch andere Sitzgruppen aus.
– Der Spiegel läßt die Gegenstände im Raum sich bewegen: Wände kommen auf mich zu, der Stuhl steht kopf, der Tisch wackelt und dreht sich, wenn ich mit dem Spiegel in der Hand durch den Raum gehe.
– Jedes Kind nimmt sich einen Spiegel und probiert es selbst aus. Am Ende treffen alle wieder im Kreis zusammen.

Die Erzieherin legt einen alten, halbblinden Spiegel in die Mitte und zündet darauf eine Kerze an.
„Wie alt mag der Spiegel sein?"
„Wie haben die Menschen zu dieser Zeit gelebt?"
„Wie haben sie ausgeschaut?"
„Konnten sie sich überhaupt einen Spiegel kaufen?"
„Der Spiegel könnte uns sicher vieles erzählen. Vielleicht war er auch in unserem Märchen, das ich euch heute erzählen möchte, dabei:

„Es war einmal mitten im Winter, und die Schneeflocken fielen wie Federn vom Himmel herab, da saß eine Königin an einem Fenster, das einen Rahmen von schwarzem Ebenholz hatte, und nähte ..."

„... Als die Zwerglein abends nach Hause kamen, fanden sie Schneewittchen auf der Erde liegen, und es ging kein Atem mehr aus seinem Mund, denn es war tot. Sie hoben es auf, suchten, ob sie etwas Giftiges fänden, schnürten es auf, kämmten ihm die Haare, wuschen es mit Wasser und Wein, aber es half alles nichts; das liebe Kind war tot und blieb tot ..."

Die Erzieherin bläst daraufhin die Kerze aus und läßt den Spiegel mit dem schwarzen Tuch zudecken.

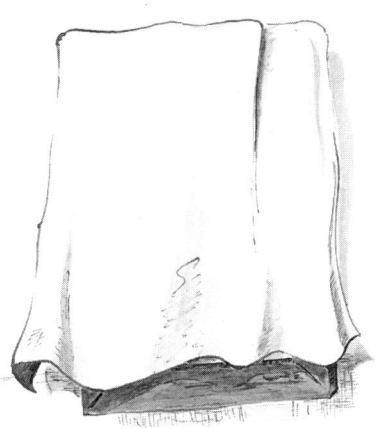

„... Da geschah es, daß sie über eine Wurzel stolperten, und von der Erschütterung fuhr das giftige Apfelstück, das Schneewittchen abgebissen hatte, aus dem Hals. Und nicht lange darauf öffnete es die Augen, hob den Deckel vom Sarg in die Höhe, richtete sich auf und war wieder lebendig ..."

Die Kerze wird wieder entzündet und das Tuch vom Spiegel genommen. Am Ende des Märchens fassen sich alle an den Händen und bilden einen Spiegel. Der kann viele Formen haben: er kann rund, oval, rechteckig, quadratisch sein usw.

Die Erzieherin legt einen Hammer und einen Nagel neben den Spiegel in die Mitte. Dann suchen alle einen passenden Platz im Zimmer; die Erzieherin schlägt den Nagel in die Wand und hängt den Spiegel daran auf.

Ideen

Material

Mehrere weiße, rote und schwarze Tücher; eine Schale mit Schnee, eine rote Kerze und ein Rahmen aus schwarzem Holz; eine passende Musik zur Bewegung.

Durchführung

Die Kinder sitzen im Kreis. Nun breitet die Erzieherin ein weißes Tuch aus und läßt die Kinder sagen, was ihnen dazu einfällt, z. B. Schnee, ein unbeschriebenes Blatt, ein Bettuch, ein Brautkleid, Freude, Helligkeit, Leere usw. Dann breitet sie daneben ein schwarzes Tuch aus, und erneut äußern die Kinder ihre Assoziationen: z. B. Erde, ein Loch, Trauer, Tod, Dunkelheit usw.

Den Kindern fällt auf, daß Schwarz und Weiß im Gegensatz zueinander stehen. Freude und Trauer, Helligkeit und Dunkelheit liegen hier sichtbar nebeneinander. Sie sammeln daraufhin weitere Gegensatzpaare, z. B. Geburt und Tod, gut und böse, schön und häßlich usw.

Dann stellt die Erzieherin auf das weiße Tuch eine Schale mit Schnee (notfalls Eis aus dem Gefrierfach), und auf das schwarze legt sie einen schwarzen Holzrahmen. Die Kinder erinnern sich an das Märchen „Schneewittchen" und stellen fest, welche Farbe noch fehlt. Nun läßt die Erzieherin ein rotes Tuch in der Mitte, zwischen dem weißen und dem schwarzen, ausbreiten. „Was sagt dir dieses Tuch?" Die Kinder äußern neben dem Begriff Blut noch weitere Assoziationen, z.B. die glühende Sonne, die Morgen- oder Abendröte, das rote Tuch reizt den Stier im Stierkampf, die Liebe ist rot usw. Daraufhin entzündet die Erzieherin eine rote Kerze und stellt sie auf das rote Tuch. Nun könnte sie sagen: „Das Blut fließt durch unsere Adern, es strömt durch unseren Körper, es macht ihn warm und lebendig, so wie diese Flamme warm und lebendig flackert. So wie wir die Wärme des Feuers spüren, spüren wir auch unsere eigene Wärme." Sie fordert die Kinder auf, die Hände zu reiben und die Wärme zu erspüren. Dann fassen sich alle Kinder an den Händen und nehmen die Körperwärme im Kreis auf. Die Kinder erzählen dazu ihre persönlichen Wärmeerlebnisse, z.B. ein besonders heißer Sommertag, am Lagerfeuer, in der Sauna usw.

Das Feuer ist warm, und unser Körper ist warm.
Der Schnee aber ist weiß und kalt.

Die Kinder befühlen den Schnee und betrachten seine einzelnen Schneekristalle. Sie erzählen ihre Kälteerlebnisse, z.B. ein Tag im Winter, unter der kalten Dusche usw.

Die Kinder vergleichen die Gestalt der Flamme und der Schneekristalle miteinander, um sie später mit dem Körper nachzuahmen.

Dann betrachten sie den schwarzen Holzrahmen. Durch einen Rahmen kann man hindurchsehen. Wir können aber auch etwas hineinlegen, es einrahmen. Es gibt Fenster-, Tür-, Bilder-, und Stickrahmen. Der Rahmen im Märchen ist aus edlem, schwarzem Holz. Die Königin wünscht sich ein Kind so weiß wie Schnee, so rot wie Blut und so schwarz wie das Holz an dem Rahmen.

Durch ihr eigenes Tun regt die Erzieherin nun die Kinder an, diese drei Symbole mit dem Körper nachzuahmen. Sie spielt z.B. das Flackern und Züngeln der Flamme mit den Armen und Händen vor, während die Kinder das Dargestellte zu erraten versuchen. Nun spielt ein Kind einen dieser Gegenstände vor usf., bis jedes an der Reihe war. Dann fassen sich alle bei den Händen und bilden gemeinsam im Kreis eine Flamme, einen Schneekristall und den Rahmen. Dazu könnten sie, in einem engen Kreis stehend, die Arme emporstrecken und die Hände wie eine züngelnde Flamme im gemeinsamen Rhythmus hin und her bewegen (evtl. auch mit Handfassung).

Zur Darstellung des Schneekristalls stellen sich die Kinder mit dem Rücken zum Kreis, haken die Arme unter und spreizen die Finger. Dann dreht sich der Kreis einmal links und einmal rechts herum. Schließlich fassen sich alle wieder an den Händen, wenden sich dem Kreisinneren zu und heben die Arme als Bogen in die Höhe. Der Kreis wird an einer Stelle geöffnet, und während die beiden ersten noch einen Bogen bilden, zieht der letzte mit der Reihe hindurch, um am Ende selbst mit seinem Nachbarn einen Bogen zu formen, durch den der erste nun wiederum die Reihe führt.

Anschließend wird die Reihe in Paare unterteilt, die sich in einer Doppelreihe gegenüberstehen, sich bei den Händen fassen und so eine Bogengasse bilden. Das erste Paar hüpft mit Handfassung im Seitgalopp hindurch, um am Ende wieder Teil der Gasse zu werden. Auf diese Weise durchläuft sie jedes Kind.

Sicher erfinden die Kinder noch andere Gruppenformen der Darstellung dieser Symbole. Falls die Erzieherin eine passende Musik vorbereitet hat, könnte mit diesen Ideen ein eigener Tanz ausgestaltet werden. Am Ende bietet die Erzieherin den Kindern rote, weiße und schwarze Tücher an, aus denen sie das Schneewittchen am Boden formen oder sich selbst damit verkleiden können.

Am anderen Tag können die Kinder während der Freispielzeit auf einem großen Bogen Packpapier mit roten, weißen und schwarzen Fingerfarben gemeinsam malen. Wer möchte, äußert sich am Ende im Stuhlkreis zu seinem Malbeitrag.

Anregungen zum Gespräch

Fragen, die die Erzieherin mit den Kindern im Stuhlkreis bespricht:

1. Warum möchte die Stiefmutter Schneewittchen loswerden?
   Die Kinder können in ihren Antworten unbewußt oder bewußt ihre eigenen Ängste aussprechen, indem sie über die Erklärungsversuche grundlegende Existenzängste formulieren, die von der Erzieherin auf die kindgemäße Ebene übertragen werden können, z. B.: „Die Stiefmutter hat Angst, daß ihr Mann Schneewittchen mehr lieben könnte als sie." „Wenn wir ein Geschwisterchen bekommen, dann freuen wir uns darüber, daß unser Wunsch erfüllt wurde. Aber manchmal scheint die Mutti mehr Zeit für das Geschwisterchen zu haben als für mich. Das macht mich dann traurig. Dann wünschte ich, es wäre lieber nicht mehr hier."
2. Was ist Neid?
   Die Kinder schildern, was sie neidisch machen kann. Wie fühlt man sich dabei?
3. Warum möchte Schneewittchens Stiefmutter die Schönste sein?
   Die Königin muß die Schönste sein, sonst ist sie nicht mehr Königin. Wir alle haben Angst, unseren Platz an jemand anderen abgeben zu müssen, selbst auf der Schattenseite zu stehen.

   Auch ein Kind kann entthront werden, z. B. durch ein Geschwisterchen, und weiß es genau. Wenn wir das Kind anregen, sich mit der Stiefmutterrolle auseinanderzusetzen, findet es viele verständliche Erklärungen, die oft auch für seine eigenen Gefühle zutreffen. Es lernt aber auch, daß man sich nicht blind und rücksichtslos seinen Bedürfnissen und Gefühlen hingeben darf, sondern sich dem Wandel aufschließen muß. Immer nur das kleine Kind in der Familie zu sein, ist ja auch nicht schön. Auch Schneewittchen wird aus der Geborgenheit hinausgeworfen und als Königskind entthront, um im Wald umherzuirren und den Zwergen zu dienen, bis es stirbt, errettet und zur Königin gekrönt wird.
4. Es gibt äußere und innere Schönheit. Schneewittchens Mutter ist äußerlich schön, aber innerlich wirkt sie auf uns häßlich. Was kann einen Menschen häßlich machen?
   Z. B. Neid, Haß, Habgier, kranker Stolz usw. Die Kinder verdeutlichen die Begriffe durch passende Mimik und Gestik. Sie können sich auch kleine Spielszenen dazu ausdenken und sie einander vorspielen.
5. Warum läßt Schneewittchen die böse Krämerin herein?
   Es läßt sich leicht verführen, weil die Krämerin das hat, was es auch gerne möchte. Die Kinder erzählen eigene Erlebnisse, in denen sie nicht widerstehen konnten. Wie ist das, wenn man etwas unbedingt haben will?
   Einer Verlockung zu widerstehen, ist eine gute Tugend. Jeder Verlockung zu widerstehen, heißt aber, das Leben ungelebt vergehen zu lassen. Denn hätte Schneewittchen nicht das Wagnis gewählt, dann lebte es heute noch „hinterm Berg" in dem niedlichen kleinen Zwergenhaus. So aber kann es über den Tod (der Kindheit) dem Prinzen begegnen und ihn heiraten.

6. Die Kinder sprechen über den Tod.
Sie erzählen von ihren Begegnungen mit dem Tod. Der Tod hat z.B. die Oma, den Opa oder sonst einen lieben Menschen aus der Familie genommen. Anders als bei Schneewittchens Tod kann die innige Liebe eines Menschen gegenüber dem Verstorbenen zwar nicht wiedererweckend wirken, aber sie kann ihn in wacher Erinnerung halten und sein Wirken weitergeben. Schließlich gibt uns die Erweckung Schneewittchens auch die Hoffnung auf ein neues Leben, auf ein Leben für immer.

Eine gute Hilfe, um mit Kindern über das Thema Sterben und Tod zu sprechen, bietet das Bilderbuch von Susan Varley: „Leb wohl, lieber Dachs", Annette Betz Verlag, München.

Gestalten und Spielen

Wir erleben den Wald
Wer und was lebt im Wald? – Wir lernen Tiere, Waldfrüchte, Bäume und Pflanzen kennen und erfahren, wie ein Wald früher aussah.
Im Wald ist es dunkel. Dort sehen wir ein Dickicht, einen Hochwald, Waldwiesen und Lichtungen.
Wir spielen Geländespiele im Wald.
Jedes Kind trägt ein Säckchen bei sich, um auf dem Waldspaziergang gefundene Waldschätze wie Zapfen, Nadeln, Rinde usw. darin zu sammeln.
Ein Jäger oder Förster erzählt uns von seiner Arbeit.
Wir bauen ein Mooshäuschen, so wie wir uns das Haus der sieben Zwerge vorstellen.
Im Kindergarten schließen die Kinder ihre Augen und rufen sich den Wald wieder vor ihr inneres Auge. Sie gehen noch einmal alleine in Gedanken hindurch. Wie mag Schneewittchen wohl zumute gewesen sein?
Die Kinder schütten ihre Schätze aus, vergleichen die verschiedenen Inhalte und benennen sie. Wir stellen unsere Funde für alle sichtbar im Raum aus.
Dazu singen wir: „Wir sind Zwerge, klein und stark"
aus: Margrit Küntzel-Hansen, Bausteine für Musikerziehung und Musikpflege, Heft 2, B 162, B. Schott's Söhne, Mainz 1966.
Anschließend malen die Kinder ihren eigenen Wald.

Wir basteln die sieben Zwerge
Dazu eignet sich das Faltfigurenschneiden oder die Fingerpuppe aus sieben fingergroßen Papiertütchen, für sieben Finger je eines. Das Gesicht wird auf die Fingerkuppe unterhalb des Papiertütchens gemalt.

Wir gestalten eine Collage
Alle Kinder sammeln glitzernde Dinge wie Spiegel-, Glas-, und Perlmuttscherben, Silber- und Goldknöpfe, schillernde Stoffe, Papiere, Folien usw. Nun wird aus Kartoffelsackleinen ein großer Sack ausgeschnitten und auf einen Bogen Packpapier geklebt. Die Kinder kleben alle ihre gesammelten Schätze darauf, hängen das Gemeinschaftsbild auf und singen das Lied: „Wir sind die lustigen Zwerge" (S. 28).

„Ich bin schön"
Wir verkleiden und schmücken uns mit schönen Dingen wie Bändern, Tüchern, Gürteln, Ketten usw. Wer denkt sich die schönste, die lustigste, die phantasievollste Frisur aus? Die Kinder probieren die Frisuren aneinander oder an ihren Puppen aus.

„In einem kleinen Apfel"
Jedes Kind bringt einen Apfel mit. Wir schauen uns den Apfel von außen und innen an. Kein Apfel

ist wie der andere: im Aussehen, Geschmack und Geruch.
Wir waschen, schälen und essen unsere Äpfel.
Wir lernen das Lied: „In einem kleinen Apfel".
Dann pflanzen wir Apfelkerne ein und sammeln die restlichen Kerne, um daraus eine Kette aufzufädeln.
Wir machen gemeinsam eine „Kronenapfel-Brotzeit": Dazu schneidet die Erzieherin rund um den Apfel ein großes Zickzackband ein, das so lange vertieft wird, bis der Apfel in zwei Kronenhälften auseinanderfällt.

Wir halten eine Zwergenbrotzeit
Dazu bringt jedes Kind etwas ganz besonders Winziges zum Essen mit, z. B. Beeren, Erdnüsse, kleine Bonbons und Kekse, kleingeschnittene Brote, kleine Essiggurken usw. Wer hat das winzigste Essen gefunden? Eventuell wird dieses Kind mit einer riesigen Zwergenmütze zum Oberzwerg gekrönt. Die Speisen liegen auf kleinen Puppentellern verteilt, und in den Puppentassen wird Saft eingeschenkt. Nun kann das Zwergenmahl beginnen – mit einem „Riesen"-Appetit.
Wir lernen das „Zwergenpicknickgedicht" von Josef Guggenmos kennen, aus: Josef Guggenmos, Wenn Riesen niesen, Ueberreuter-Verlag, Wien 1980.

Spontane Spiele und Fragen zum Spiegel
Was kann ich alles mit einem Spiegel machen?
– Ich schaue in den Spiegel und male mein Spiegelbild darauf nach (abwaschbare Filzstifte).
– Meine Freundin hat die Augen verbunden. Ich stehe mit dem Rücken zum Raum und halte einen Spiegel in der Hand. Mal sehen, ob ich sie mit dem Spiegel durch den Raum dirigieren kann.
– Draußen auf der Straße, im Park, überall, wo Menschen sind, beobachte ich sie durch meinen Spiegel. Ob jemand bemerkt, daß ich ihn sehe?
– In einem Spiegelgang kann ich sehen, was mein Freund hinter meinem Rücken macht, und ahme alles nach.
– Wir spielen Spiegelbild: Jeweils zwei Kinder stehen sich gegenüber. Eines macht beliebige Bewegungen, Gesten, Grimassen etc. Das andere versucht, alles möglichst gleichzeitig mitzumachen. Dann wird gewechselt...
– Im Spiegel kann ich mich sehen. Ich kann ausprobieren, wie ich mir am besten gefalle.
– Wenn ich größer werde, verändert sich mein Körper mehr und mehr. Ich bin nicht mehr so mollig. Alles streckt sich. Wenn ich in den Spiegel schaue, sehe ich mich ganz anders als zuvor.
– Ich frage mich: Wie entsteht ein Spiegel? Aus welchem Material ist er? Seit wann gibt es ihn? Bringt ein zerbrochener Spiegel Unglück? Was heißt das: jemandem einen Spiegel vorhalten?

Lieder

Von den sieben Zwergen

1. Wir sind die lustigen Zwerge und ziehen in die Berge.
   Wir graben Gold und Edelstein beim silberhellen Mondenschein!

2. Wir sind die lustigen Zwerge
   und gehen in die Berge.
   Wir füllen Gold und Edelstein
   in unsre großen Säcke ein!
   Bewegungsmelodie

3. Wir sind die lustigen Zwerge
   und ziehen heim vom Berge.
   Wir bringen unsren Schatz nach Haus
   und ruhen von der Arbeit aus!
   Bewegungsmelodie
   (hinsetzen und hin- und herwiegen)

4. Wir sind die lustigen Zwerge
   und ziehen heim vom Berge.
   Wir haben dir was mitgebracht
   und wünschen, daß es Freude macht!
   Bewegungsmelodie
   (eventuell um Schneewittchen)

Zur Bewegungsmelodie sind auch Zwerge als Schattenfiguren denkbar!

Melodie für die Bewegung der Zwerge:

(aus: Henriette Syndikus, Kinder singen und gestalten. Neue Lieder und Werkarbeiten im Jahreskreis, Don Bosco Verlag, München 1986³)

Ein Zwerglein ging im Grase

Blensdorf

Ein Zwerg-lein ging im Gra-se, so, so, so.
Das ging ihm bis zur Na-se, so, so, so.
Da hob es sei-ne Bei-ne, so, so, so,
und ging zu sei-nem Stei-ne, so, so, so.
Das Zwerg-lein klet-tert auf den Stein und tanzt ver-gnügt auf ei-nem Bein, auf ein-mal fällt es um, plum.

Bewegungsablauf

Die Kinder stehen im Kreis. Ein Kind läuft als Zwerglein im Kreise, während alle anderen singen und das Gesungene durch Bewegungen am Platz verdeutlichen. Am Ende steigt das Zwerglein auf den „Stein" (Stühlchen) und fällt herunter.

Weitere Lieder

„Die sieben Zwerge"
in: Margot Pötschke, Zeige . . . was du hörst, Edition W. Hansen, Frankfurt/M.
„Gummi-Gummizwerg"
in: Meinolf Neuhäuser, Bunte Zaubernoten, M. Diesterweg Verlag, Frankfurt/M.

„Da droben auf dem Berge"
in: Irmgard Hartmann, Singen macht Spaß, J. Beltz-Verlag, Weinheim
„Die Zwerge"
in: Fredrik Vahle, Liederspatz, Verlag Pläne, Dortmund
„Wißt ihr, was Schneewittchen" von A. Hildebrandt, in: Hanna Mecke/Helene Hildebrandt, Gesang und Klang im Kinderleben, C. C. Buchners Verlag, Bamberg 1935

Tänze

Wir sind die sieben Zwerge

2. Im Wald bei Has' und Mäuslein
   steht unser kleines Häuslein,
   wir haben sieben Tellerlein,
   dazu auch sieben Bettchen fein,
   alles ist ganz klitzeklein.

3. Schneewittchen kocht das Süppchen
   und fegt und putzt das Stübchen,
   wir nehmen es in unsre Hut,
   daß keines ihm ein Leid antut,
   sind ihm ja von Herzen gut.

Nachtanz

Begleitform zu „Die sieben Zwerge"

Spielvorschlag

1. Vers: Mehrere Zwergenreihen (je sieben Kinder) gehen rhythmisch betont im Raum umher und singen dabei den ersten Vers.
Zwischenmusik: Die Reihen lösen sich auf; die Zwerge hüpfen einzeln durch den Raum.

2. Vers: Einige Kinder bilden das Dach des Zwergenhauses; die wieder gebildeten Zwergenreihen ziehen durch die erhobenen Hände hindurch und singen dabei den zweiten Vers. Aus den Reihen bilden sich Kreise. Zwischenmusik: Die Kinder hüpfen in den Kreisen links herum. Wiederholen.

3. Vers: Jeweils sieben Zwerge haben einen Kreis gebildet. In jedem Kreis ist ein Schneewittchen; es führt die Bewegungen zum Gesang der Zwerge aus.

Zwischenmusik: Das Schneewittchen holt sich in jedem Kreis einen Zwerg und hüpft mit ihm, rechtsarmig eingehakt, herum. Die anderen Zwerge finden sich ebenfalls zu Paaren zusammen und hüpfen, rechtsarmig eingehakt, herum.

(aus: Hans Poser, Märchenlieder, Fidula-Verlag Holzmeister GmbH Boppard/Rhein und Salzburg)

Weiterer Tanz

„Hört, ihr lieben Leute"
aus: Hans Poser, a.a.O.

Gedichte

Der Spiegel
Der Spiegel ist ein Tropf,
verdreht mir meinen Kopf:
Schau ich aus ihm hervor,
ist links mein rechtes Ohr.
Zum Glück bleibt oben oben,
und das kann ich nur loben –
sonst müßt ich mit den Füßen
statt mit dem Kopfe grüßen.

(Hans Baumann, aus: H.J. Gelberg (Hrsg.), Die Stadt der Kinder, © 1982² Georg Bitter Verlag, Recklinghausen)

Weitere Gedichte

„Schneewittchen, Schneewittchen"
in: P. Faulbaum, Die klingende Kette, F. Ehrenwirth-Verlag, München
„Lampe und Spiegel"
in: Hans Baumann, Ein Reigen um die Welt, Sigbert Mohn Verlag, Gütersloh
„Zwerge"
in: Helmut Zöpfl, Die schönsten Kindergedichte, W. Ludwig Verlag, Pfaffenhofen
„Die Zwerge auf dem Baum"
„Die Zwerge in Pinneberg"
„Die Heinzelmännchen"
„Das Gnomenwirtshaus"
in: H. Heckmann & M. Krüger (Hrsg.), Die schönsten deutschen Kindergedichte, C. Hanser Verlag, München

„Im Lande der Zwerge"
in: M. Rettich und E. Harries, Kindergedichte, O. Maier Verlag, Ravensburg

„Im Zwergenwald"
in: Bruno H. Bull, Aus dem Kinderwunderland, Verlag Herder, Freiburg

„Das Spiegelbild", von Karla Korta
in: Liselotte Musil, Es war so lange Tag ..., Verlag L. Auer, Donauwörth

„Fritz sagt", von Heidrun Petrides
in: Hans-J. Gelberg, Geh und spiel mit dem Riesen, Beltz & Gelberg Verlag, Weinheim

Tradition und Brauchtum

Wenn im Märchen „Schneewittchen" die böse Königin durch den Spiegel dazu getrieben wird, Schneewittchen zu beseitigen, um allein die Schönste im ganzen Land zu sein, so drückt sich darin, neben dem Mutter-Tochterkonflikt, sicher auch der Volksglaube an das mystisch Böse im Spiegel aus. Denn der Spiegel war nicht nur der Sitz der Totengeister, weshalb man ihn bei einem Todesfall mit einem Tuch verhängte, sondern auch das Werkzeug des Teufels, um den Menschen durch die Eitelkeit zum Bösen zu verlocken. Deckte man aber den Spiegel zu, so konnte ihm die Macht geraubt werden, und die Seelen der Toten lösten sich leichter aus dem irdischen Leben.

Der Apfel, als Symbol der Liebe, ist im Volkstum auch durch das Apfelorakel bestätigt. Demzufolge schälten die Mädchen einen Apfel, warfen die undurchtrennte Schalenspirale hinter sich und versuchten nun daraus einen Buchstaben zu erkennen. Er galt als Namenanfangsbuchstaben des zukünftigen Bräutigams.

März

Es kommt eine Zeit
da nimmts ein böses Ende
mit dem Schneemann

Er verliert seinen schwarzen Hut
er verliert seine rote Nase
und der Besen fällt ihm
aus der Hand
Kleiner wird er von Tag zu Tag

Neben ihm wächst ein Grün
und noch ein Grün
und noch ein Grün

Die Sonne treibt
Vögel vor sich her
Die wünschen dem Schneemann
eine gute Reise

Elisabeth Borchers

Das März-Märchen – von Hans Christian Andersen:

Das Liebespaar

Zur Deutung

Im Märchen „Das Liebespaar" (auch „Die Brautleute" genannt) beschreibt Hans Christian Andersen (1805–1875) sein eigenes Liebeserlebnis im Jahre 1843. Da die Geschichte aber Allgemeingültigkeit besitzt, soll sie nicht als Liebesgeschichte gedeutet, sondern auf das patriarchalische System hin betrachtet werden.
Kreisel und Ball stehen demnach für Mann und Frau. Der Kasten läßt sich als gesellschaftliche Ordnung verstehen, in der wir Menschen schubladenähnlich in soziale Schichten („Kastengesellschaft") eingeordnet sind. „Wollen wir nicht Brautleute werden, da wir doch im Kasten zusammenliegen?" – Also einer gemeinsamen sozialen Schicht angehörig. Der kleine Knabe demonstriert aufgrund seiner Geschlechtszugehörigkeit die männlicher Impulse darin. Nachdem ihm das Spielzeug (die Gesellschaft) gehört, liegt es nahe, daß in ihm das Patriarchat mit seinen Machtfunktionen zum Ausdruck kommt. Er wendet dem Kreisel auch betont mehr Aufmerksamkeit zu, z. B. zweimaliges Herausputzen, wodurch der Kreisel an Ansehen gewinnt (Statussymbol).
„... wir passen gut zueinander. Sie springen, und ich tanze...", sagt der Kreisel im Märchen. Will er damit denselben kulturellen Hintergrund bezeichnen oder stellt sich darin eine kurze Ehebeschreibung dar nach dem Motto: Sie springt, wann es mir paßt, dafür tanz ich auch nach ihrer Pfeife? Der Wettstreit um Herkunft und Beschaffenheit läßt wieder Statussymbole anklingen, aber auch Imponiergehabe der feinen Gesellschaft, durch die eine tiefere Liebesbeziehung unmöglich wird, da äußere Werte die inneren zu stark überlagern.
Durch die Schwalbe und deren angebliche Verlobung mit dem Bällchen rutscht die Geschichte ins absurd Komische. Das Bällchen gibt sich dem Gelächter preis. Es hält Unmögliches für eine Tatsache. Der vermeintliche Rivale wird als Fiktion angesehen, denn wie sonst könnte der angegriffene Mannesstolz wieder aufgerichtet werden. Im übertragenen Sinne kann die Schwalbe auch eine höhergestellte Persönlichkeit sein. Höhenflüge des Bällchens waren denn auch die Ursache der Begegnung. Das Bällchen reagiert jedoch nicht aus eigenem Antrieb, sondern durch die Handhabung des kleinen Jungen (Patriarchat). Wenn es also nicht seinen Gesetzmäßigkeiten entspricht, ist es von vornherein zum Scheitern verurteilt. Es kann nicht mit dem Vogel mithalten, der aus freien Stücken heraus handelt, sozu-

sagen vogelfrei. Während er in der Luft und auf der Erde sich frei bewegen kann, bleibt das Bällchen erdverbunden und abhängig.

Der Kreisel reagiert starr und bleibt seiner Rolle verhaftet. Seine eingeschliffenen Verhaltensmuster, sich immer nur durch die Peitsche getrieben um sich selbst zu drehen, lassen ihm keinen Ausweg offen, so daß er, statt sich daraus zu lösen, sich noch stärker darin verbeißt. Seine Verbohrtheit verschließt ihm die Erlebniswelt und macht ein Umorientieren unmöglich.

Die Wahl des Bällchens für den Vogel (Lichtsymbol) / die Schwalbe, die aus der Ferne (zu sich) nach Hause kommt, kann aber auch den Selbstfindungsprozeß der Frau in der Gesellschaft darstellen. Sie entwickelt einen eigenen Willen und will eigene Wege gehen. Der Mann einer puritanischen Gesellschaft muß dies als ein unglaubliches Unterfangen ansehen. Eine Unmöglichkeit, die aus der Sicht des männlichen Dichters zweifellos zum Scheitern verurteilt ist.

Nach dem neunten Male (die Zahl neun ist das Symbol der Erlösungsstufe, die mit dem Himmelsweg der Seele verbunden ist) bleibt das Bällchen verschwunden. Das System steht kopf. Die Entwicklung der Frau ist unaufhaltsam und vom System nicht nachvollziehbar. Es kann noch so nach ihm suchen; der Versuch, es an den alten, zugewiesenen Platz zurückzuholen, schlägt fehl. Das Frauenbild von damals gehört unwiederbringlich der Vergangenheit an, in der es jedoch glorifiziert für den Mann weiterlebt.

Er altert im Festhalten am System, das ihm Ruhm und Ehre zollt, aber eine Selbstfindung vorenthält, so daß er sich immerzu im Kreise drehen muß. Ein einziges Mal zu hoch gesprungen, ist er auch schon weg vom Fenster. Nach dem Motto „Übermut tut selten gut" findet er sich in der Tonne wieder, wo die „gescheiterten Existenzen", ausgeklammert von der Gesellschaft, dahinvegetieren. Die äußere Aufmachung, mehr Schein als Sein, ist in Gefahr. Das Image könnte angekratzt werden. Das Bällchen, von vornherein zum Scheitern verurteilt, versucht sich mit Hilfe alter gesellschaftlicher Normenwertvorstellungen wieder einzugliedern. Wie unzureichend und oberflächlich diese sind, beweist die Unfähigkeit zur Auseinandersetzung und Beziehungsaufnahme, die nicht über das Äußere hinausreicht. Mann und Frau haben sich nichts zu sagen. Reales und Ideales klaffen zu weit auseinander.

Wenn das Dienstmädchen den Kasten umwenden möchte, bedeutet dies, daß es bereit ist, das System aufzudecken und neu zu bewerten. Doch es läßt sich wieder von Äußerlichkeiten und Statusträgern blenden, so daß der männliche Impuls erneut durch die Frau zu Ehren und Ansehen gelangt, während die Emanzipation der Frau ins Abseits gedrängt wird und aus dem gesellschaftlichen Leben zu verschwinden droht.

Gestaltung

Material
Kostenloses Material zum Kreiselbau, ein Holzteller, ein Korb mit verschiedenen Kreiseln.

Durchführung
Die Kinder sitzen im Kreis, um das Spiel „Tellerdrehen" zu spielen. Dazu wird von einem Kind in der Mitte ein Holzteller, auf dem Rand stehend, angedreht. Während der Teller sich dreht, sagt das Kind: „Teller, Teller, dreh dich, und die/der . . . erhebt sich." Nun versucht das aufgerufene Kind den Teller, bevor er zu Boden trudelt, abzufangen. Das Sprüchlein kann ggfs. auch etwas später aufgesagt werden, so daß der Teller gerade noch erwischt wird.

Anschließend stellt die Erzieherin einen verdeckten Korb mit verschiedenen Kreiseln in die Mitte und beschreibt den Inhalt mit einem Rätsel:

„Ich tanze und springe auf einem Bein,
ich brumme und singe grob und fein.
Was mag ich doch für ein Spielzeug sein?"

Oder:

Er dreht sich flink im Kreise
und tanzt auf seine Weise.
Am Peitschen und am Knallen

hat er sein Wohlgefallen.
Im Frühling auf den Gassen
ihn Kinder tanzen lassen.

(aus: Hildegard Steinmüller, Rätsel für das Vorschulkind, Don Bosco Verlag, München 1986[13])

Wer kann es erraten?
Die Kinder schauen sich die Kreisel genau an, probieren sie aus und geben ihnen Namen wie: Peitschenkreisel, Farb- und Musterkreisel, Musikkreisel usw. – oder auch Phantasienamen wie: Spring ins Land, Trudler, Peitschenknall . . .

Wir spielen verschiedene Kreiselspiele, z. B.:
– Wessen Kreisel dreht sich am längsten?
– Wer peitscht seinen Kreisel am weitesten?
– Wie viele Peitschenschläge braucht dein Kreisel über eine bestimmte Strecke? Wer schafft es mit weniger?
– Wir drehen die Kreisel auf verschiedenen Unterlagen.
– Wir bewegen die Unterlage, auf der die Kreisel tanzen.
– Sie tanzen über eine dünne Sand- oder Wasserschicht und ein wenig Tinte.
– Die Kreisel tanzen auf schräger Bahn auf- und abwärts.
– Wir lenken sie durch verschiedene Öffnungen (Tore) und überwinden mit ihnen kleine Hindernisse.
– Unsere Kreisel versuchen sich gegenseitig umzustoßen.
– Wir binden verschiedene Dinge an den Kreiseln fest, z. B. bunte Bänder, einen Grashalm, ein Glöckchen usw.
– Wir stellen uns mit den Kreiseln im Kreis auf und drehen sie gleichzeitig auf die Mitte zu.
– Das Bauernroulette (ein im Spielwarengeschäft erhältliches Kreiselspiel) ist ein hübsches Tischspiel.

Das Kreiselpeitschen oder Hexenschlagen ist gar nicht so einfach. Wer es aber einmal kann, treibt „die Hexe" immer weiter und geschickter über eine möglichst ebene Strecke.

Die Kinder versammeln sich wieder um den Korb und legen alle Kreisel zurück. Nun beginnt die Erzieherin:
„Wenn man einen Kreisel sieht, wie er sich bewegt und tanzt, könnte man meinen, er hätte Leben in sich. Deshalb ist vielleicht auch dieses Märchen entstanden, das ich euch erzählen möchte. Stellt euch einmal vor, unser Kreisel sucht sich eine Freundin und will sogar heiraten! Wer könnte das wohl sein? Ich will euch heute erzählen, wie es dabei einem Kreisel erging":

Der Kreisel und das Bällchen lagen in der Schublade zusammen mit anderem Spielzeug, und da sagte der Kreisel zum Bällchen: „Wollen wir nicht Brautleute sein, da wir doch zusammen in einer Schublade liegen?" Aber das Bällchen, das aus Saffian genäht war und sich ebensoviel einbildete wie ein vornehmes Fräulein, wollte darauf nicht antworten . . .

Nach dem Märchen bietet die Erzieherin den Kin-

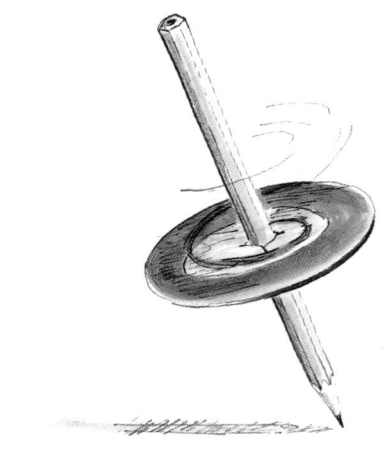

dern Material an, woraus sie selbst Kreisel bauen. Zum Beispiel runde Holzscheiben, Kugeln mit einem Loch, Pappe, Papier, angespitzte Stäbe (Bleistifte), runde Bierdeckel, Farben, Buntpapier, Kleber und Scheren.
Die Kinder lassen ihre Kreisel tanzen.
Statt Kreiseln könnten auch Farb- und Musterscheiben gebastelt und ausprobiert werden.
In guten Spielwarengeschäften findet man aus Holz gedrechselte Kreisel, die die Kinder selbst bemalen dürfen.

Anregungen zum Gespräch

- Wir suchen Gemeinsames und Unterschiede bei Jungen und Mädchen.
- Können Mädchen etwas besser als Jungen (und umgekehrt)?
- Wie reagiere ich, wenn jemand nicht tut, was ich will?
- Was bedeutet der Ausdruck „Höhenflüge"?
- Wir spielen einander pantomimisch Wünsche und Ängste vor. Verstehst du, was dir der andere sagen will?
- Wie ist das, wenn man zurückbleiben muß (wenn z.B. die Mutter alleine einkaufen geht oder die Eltern ohne mich fernsehen usw.)?
- Wer hat schon einmal etwas verloren? Hast du es wiedergefunden? War es dort, wo du es vermutet hattest?
- Wir verändern die Geschichte und erzählen sie aus der Sicht des Bällchens.

Ideen

- Wir basteln verschiedene Kreisel und nähen uns Lederbälle (Stoffbälle). Ein Werkvorschlag für einen Kreisel befindet sich in: Elisabeth Gloor, Kinderwerkstatt Holz, O. Maier Verlag, Ravensburg 1983.
- Wer weiß ein Ball- oder Kreiselspiel, das wir gemeinsam spielen können (z.B.: Welcher Ball fliegt am höchsten, weitesten usw.)?
- Wir zeichnen und schneiden Dreiecke und Kreise aus.
- Wir lernen den Kegel und die Kugel kennen: Die Kinder falten und kleben Papiertüten. Wir formen Kugeln und Kegel aus Plastilin oder Ton.
- Wir spielen ein Kegelspiel.
- Die Kinder sammeln schöne Stoffe wie Samt, Seide usw. Jeder Stoff sieht und fühlt sich anders an.
Anschließend formen wir aus Pappmaché eine große Kugel, die wir nach dem Trocknen rundherum mit den Stoffen bekleben. Die Kinder gestalten ebenso einen goldenen Kreisel. Falls Ball und Kreisel innen hohl sind, könnten sie auch als Spielzeugkasse dienen. Hat sich genug Geld darin angesammelt, überlegen alle gemeinsam, welches Spielzeug neu angeschafft werden soll.
- Wir untersuchen den Abfall unserer Mülltonne. Die Erzieherin leert den Müll auf einer Plane aus. Vielleicht liegen darin auch „unser Bällchen und Kreisel". Werfen wir nicht oft gedankenlos etwas weg, z.B. einen angebissenen Apfel, ein halbleeres Heft usw.? Was würden uns die Dinge erzählen, wenn sie sprechen könnten? Viele Sachen lassen sich wieder verwenden, wenn man sie getrennt sammelt, z.B. Altpapier, Glas, Aluminium usw.
- Wir spielen das Märchen im Rollenspiel nach. Rollen: Kreisel, Bällchen, Junge, Dienstmädchen. Die übrigen Kinder bilden anfangs einmal den Kasten und am Ende die Mülltonne.

Spiele

„Kleiner Kreisel du..." *Worte und Weise: volkstümlich*

Die Kinder ahmen frei, im Liedrhythmus, verschiedene Kreisel mit dem Körper nach: z.B. springend, drehend, Arme und Beine in die Luft streckend, sitzend, auf dem Bauch liegend usw. Dabei steigern sie ihr Tempo.

Andere Kreiselspiele

„Ich will wie ein Kreisel lustig springen"
in: Margot Pötschke, Zeige... was du hörst, Edition W. Hansen, Frankfurt/M.

„Kreiselspiel"
in: Elfriede Pausewang, 100 Spiele zur Förderung der Kreativität im Vorschulalter, Don Bosco Verlag, München 1985[7]

„Kreiselbillard"
in: Jim Deacove, Kooperative Kinderspiele

„Dreh dich, kleiner Kreisel"
in: Elisabeth Salzer, Rundherum im Kreis. Beliebte Kreisspiele, Don Bosco Verlag, München 1987[3]

Lieder

Hopp, mein Kreisel

1. Hopp, mein Krei-sel, tan-ze schön! Wie ich will, mußt du dich drehn. Rund-her-um und oh-ne Ruh, al-le Hüh-ner guk-ken zu, guk-ken zu, guk-ken zu, guk-ken zu, guk-ken zu.

2. Alle Hühner und der Hahn
   sehen sich das Wunder an.
   Und der alte Gockel spricht:
   So was, nein, das kann ich nicht,
   kann ich nicht ...

(aus: Irmgard Hartmann, Singen macht Spaß, Julius Beltz Verlag, Weinheim)

Weitere Lieder

„Ich bin ein Männlein klitzeklein"
in: Richard Rudolf Klein, Willkommen, lieber Tag, Band I, M. Diesterweg Verlag, Frankfurt/M.
„Hurre, hurre, dreh dich, Kreisel"
in: Hans Brückl und Therese Kessinger, Frohe Fahrt durchs ganze Jahr, R. Knoblauch-Hüppe Verlag

Tänze

Hier ist grün, dort ist grün *Volkstümlich*

1. Hier ist grün, dort ist grün unter meinen Füßen.
Hab verloren meinen Schatz, werd ihn suchen müssen.
Such ihn hier, such ihn da, kann ihn nirgends finden.
Einer mit dem langen Rock, ei, der muß es sein.
Dreh dich um, dreh dich um: Bist du's oder bist du's nicht?
Nein, nein, du bist es nicht. Scher dich weg, ich mag dich nicht.

2. Hier ist grün, dort ist grün ...
... Bist du's oder bist du's nicht?
Ja, ja, du bist es schon,
komm, wir wollen tanzen.

Tanzbeschreibung
Innenkreis und Außenkreis.
Die Kinder des Außenkreises gehen hintereinander links, die des Innenkreises rechts herum.
Bei: „werd ihn suchen müssen" heben die Kinder eine Hand über die Augen und suchen im vorbeiziehenden andern Kreis. Bei: „Einer mit dem langen Rock" bleiben beide Kreise stehen und wenden sich einander zu; die sich gegenüberstehen-

(aus: Elisabeth Salzer, Rundherum im Kreis. Beliebte Kreisspiele, Don Bosco Verlag, München 1987³)

den Kinder deuten mit dem rechten Zeigefinger aufeinander. Sie drehen sich einmal um sich selbst herum und reichen sich dann eine Hand, doch so, daß die rechte Hand des einen die linke Hand des anderen Kindes ergreift. Die so angefaßten Hände werden im Takt geschwungen, die freie Hand legt jedes Kind in die Seite bis: „Nein, nein..." Hier bleiben alle Kinder stehen. Sie stampfen im Takt mit den Füßen auf der Stelle, um bei: „Scher dich weg" den jetzigen Partner wegzuschicken. Der geht bis: „ich mag dich nicht" mit stampfenden Schritten mit seinem ganzen Kreis in der anfänglichen Richtung weiter. Das Spiel beginnt ohne Übergang sofort wieder von neuem, bis man sich entschließt, den Schlußsatz zu singen: „Ja, ja...", bei dem die Paare sich die rechten Hände reichen. Das Kind des Außenkreises bleibt stehen, während das des Innenkreises sich unter den gefaßten Händen im Kreis herumdreht, bis es am Schluß von seinem Spielkameraden festgehalten wird. Umarmung!

Ein anderes Tanzspiel

„Dreh dich um!"
in: Edith Schuhmacher, Singspiele und Kindertänze für Kindergarten, Vor- und Grundschule, Verlag K. Hofmann, Schorndorf 1972[2]
„Kreiselspiel" von Renate Lemb
aus: Reime, Reigen, Lieder für die Kleinen, Verlag B. Schott's Söhne, Mainz

Gedichte

Kreiselgesang
Hol mich aus der Ecke,
ach, hol mich doch gleich!
Ich möcht' immer tanzen,
ja tanzen, nur tanzen,
dann fühl' ich mich glücklich
und königlich reich.
Beim Tanzen, da summ' ich
bald laut und bald leis',
und dreh' mich, und dreh' mich
ganz schnell und noch schneller
vergnüglich im Kreis.
Mein buntfarbner Mantel
in Gold, Rot und Blau,
er schimmert und funkelt;
auch wenn es schon dunkelt,
du siehst es genau!
Um Tisch und um Stühle,
und Diele entlang.
Ich tanze und tanze,
und mächtig ertönet
mein Brummergesang.
Und wenn man dich abends
ins Bettchen gebracht
unter molliger Decke –
lehn' ich in der Ecke
und träume vom Tanzen,
vom Tanzen, vom Tanzen
in tiefdunkler Nacht.

(Marina Thudichum, aus: Liselotte Musil, Es war so lange Tag..., Verlag Ludwig Auer, Donauwörth)

Weitere Gedichte

„Der Kreisel"
in: Michael Ende/Rolf Rettich, Das Schnurpsenbuch, Verlag K. Thienemanns, Stuttgart
„Kreisellied"
in: Hans Brückl und Therese Kessinger, Frohe Fahrt durchs ganze Jahr, R. Knoblauch-Hüppe Verlag
„Froh hüpfe ich auf einem Bein" (Kreisel-Rätsel)
in: Mary Hahn, Fröhlich Kinderstube, Mary Hahn Verlag, Berlin

„Schnurr, Kreisel, schnurr"
in: Ruth Dirx, Dirx-Kinderreime, Büchergilde Gutenberg, Frankfurt/M.
„Kreiselspiel"
in: Berta Hofberger, Jetzt kommt Euer Betthupferl, F. Ehrenwirth-Verlag, München
„Mein Gäulchen"
in: Mein Lesebuch für das zweite Schuljahr, Bayerischer Schulbuch-Verlag, München 1963
„Der Ball"
in: Hans Baumann, Ein Reigen um die Welt, Sigbert Mohn Verlag, Gütersloh
„Ball-Rätsel"
in: Josef Guggenmos, Wenn Riesen niesen, C. Ueberreuter Verlag, Wien
„Hochwurf"
in: Josef Guggenmos, Das Geisterschloß, Rowohlt-Verlag, Reinbek
„Nanu?"
in: Hans-Joachim Gelberg, Die Stadt der Kinder, G. Bitter Verlag, Recklinghausen
„Ball-Ball"
in: Friedl Hofbauer, Der Waschtrommler, Verlag Herder, Freiburg
„Mein Ball", von Josef Reding
in: Hans-Joachim Gelberg, Bunter Kinderreigen, Arena Verlag, Würzburg

„Der Kreisel". Eine Erzählung von Sophie Reinheimer
in: Hans Brückl u. Therese Kessinger, Frohe Fahrt durchs ganze Jahr, R. Knoblauch-Hüppe Verlag

Tradition und Brauchtum

Es kommt nicht von ungefähr, daß ein Bällchen die Braut im Andersen-Märchen ist. Die weiche, runde Form des Saffianbällchens weckt Assoziationen an die Weiblichkeit. Außerdem warf die Braut, nach alter Tradition, einen selbstgenähten, bunten Lederball in die Luft, ähnlich dem heutigen Brautstraußwerfen.
Im März schenkte man einander selbstgenähte Lederbälle, die hoch in die Luft geworfen wurden, um als Sonnensymbol den höheren Stand der Sonne im Frühling zum Ausdruck zu bringen.
Außerdem kannten die Kinder früher typische Frühlingsspiele, zu denen auch das Kreiseldrehen gehörte. Diese Spiele wurden ausschließlich im Frühjahr gespielt, um dann das restliche Jahr über im Kasten zu verschwinden, bis der nächste Frühling sie wieder brachte.

April

Es kommt eine Zeit
mit Regen
mit Hagel
mit Schnee

Mit Wind der um die Ecke stürzt
der nimmt dem Mann den Hut vom
   Kopf
Ei ruft der Mann wo ist mein Hut
Ei ruft der Hut wo ist mein Mann
Und ist schon ganz weit oben

Der Hahn auf goldner Kirchturmspitz
der denkt
Ich seh nicht recht
Ein Hut ganz ohne Mann
Ein Hut der auch noch fliegen kann
und hat doch keine Flügel an

Der Mann steht klein und dunkel da
Der Wind ist längst vorbei

Elisabeth Borchers

Das April-Märchen – aus dem „Struwwelpeter" von Heinrich Hoffmann:

Der fliegende Robert

Zur Deutung

Diese Geschichte stammt aus dem weltberühmten Bilderbuch „Der Struwwelpeter", das der Frankfurter Arzt Heinrich Hoffmann 1844 für seinen vierjährigen Sohn gemalt und geschrieben hat. Sie kann selbstverständlich auch im Herbst eingesetzt werden.

Dem Betrachter tut sich in bunten Bildern ein Ausschnitt der Biedermeierzeit auf. Die phantastisch anmutenden Darstellungen spiegeln gültige wie auch schon überholte Erziehungsziele wider. Für die Erlebniswelt des Kindes sind sie aber für immer jung geblieben, da sie unbewußte Bedürfnisse befriedigen und drängende Fragen beantworten. Dies war von Heinrich Hoffmann sicherlich auch beabsichtigt, wenn er sagt: „Das Buch soll ja märchenhafte, grausige, übertriebene Vorstellungen hervorrufen! ... Mit der absoluten Wahrheit, mit algebraischen oder geometrischen Sätzen rührt man aber keine Kinderseele, sondern läßt sie elend verkümmern."

Er selbst bezeichnete seine Struwwelpetergeschichten als realistische Märchen für kleine Kinder.

Nachdem Märchen aber immer auch einen Symbolgehalt aufweisen, lassen sich auch in Hoffmanns Geschichten solche Deutungsmöglichkeiten vermuten.

Der rote Schirm (Signalwirkung, Reizfarbe) entspricht unter Umständen einem alten asiatischen Zeichen der Herrschaft. So zeigen indische Bildkarten, ähnlich den europäischen Tarock-Karten, einen Schirm. Diese Abbildung steht wiederum für einen Zwerg mit Schirm, so wie er auf Tempelbildern zu sehen ist. In ähnlichen Zusammenhängen tritt der Zwerg mit Schirm aber auch bei eurasischen (indisch-europäischen) Naturvölkern auf und versinnbildlicht die magische Kraft. (Erinnert sei dabei auch an Bilderbuchdarstellungen, auf denen Zwerge Pilze als Schirme umhertragen.) Das Symbol Schirm kann somit als Glaubensbild der Geisterbeschwörung verstanden werden und den mystischen Triumph des Menschen über die ihm überlegene Natur darstellen.

Auch der fliegende Robert möchte wider aller Vernunft mit seinem Schirm den übermächtigen Naturkräften trotzen. In ihm kommt der schöpferische Mensch zum Ausdruck, der aus eigenen Stücken nein sagen kann und damit der Autorität trotzt. Als „ungehorsamer Robert" kann ihn sein Eigenwille aber auch auf stürmische Wege führen, deren Gefahren er dann ohne fremden Schutz ausgeliefert ist.

Schöpferische Menschen können zum anderen auch als Phantasten den Bezug zur Realität verlieren und auf den

Wolken dahintreiben. Da wir alle uns immer wieder eigenmächtig über Grenzen hinwegsetzen und dann angstvoll ihre Folgen nicht mehr zu überblicken vermögen (z. B. bei der Atomkraft), spricht uns die Geschichte so stark an, daß sie durch ihre Aufmachung bemüht sein muß, mit Hilfe der Verkleinerung und einer dicken Umrandung das Bilderlebnis in erträgliche Betrachtungsferne zu rücken. Der Rhythmus des Gedichts vermittelt das schwungvolle Auf und Nieder, so daß einem am Ende ganz schwindlig zu Mute werden könnte. Mystische Weltschau und Ekstase mit dem Erfolg des „Sich-darin-Verlierens" ließen sich demnach in der Geschichte ebenso entdecken wie die simple erzieherische Warnung, bei Wind und Regen nicht vor die Türe zu gehen.

Gestaltung

Vorbereitung
Die Erzieherin liest die Geschichte in der Reimform vor. Sie besorgt vorsichtshalber selbst einige Schirme, falls die Kinder zu wenig mitbringen.

Durchführung
Die Kinder bilden einen Kreis. In der Mitte steht ein Schirmständer mit verschiedenen Schirmen. Wer einen mitgebracht hat, steckt ihn dazu.
Ein Kind beschreibt einen Schirm. Wer ihn erkennt, nimmt den Schirm aus dem Ständer, spannt ihn auf und beschreibt einen anderen usw., bis der Ständer leer ist.

Spiele mit den Schirmen
Die Kinder spazieren mit aufgespannten Schirmen durch den Raum, während die Erzieherin dazu auf der Trommel den Regen nachahmt und den Spruch spricht:
  Es tropft – es regnet
  es gießt – es hagelt
  es blitzt – es donnert –
  alle Leute laufen schnell nach Haus!
(überliefert)

Oder alle Kinder singen das Lied:
Der rote Falter   *Aus Österreich*

Es regnet ohne Unterlaß, es regnet immer zu,
die Schmetterlinge werden naß, die Blümchen gehen zu.
Roter, roter Falter, komm, ach komm zu mir,
aber deinem Brüderlein schließ ich zu die Tür.

Am Ende schließen die Kinder ihre Schirme, stecken sie in den Schirmständer, und die Erzieherin entfernt einen Schirm aus dem Spiel. Wer bei der nächsten Runde keinen bekommt, sucht sich einen Partner. Nach jeder Singrunde wird ein Schirm mehr herausgenommen, bis am Schluß alle Kinder unter einem Schirm Platz suchen.
Die Erzieherin kann das Spiel auch mit der Trommel abrupt abbrechen. Nun schließen die Spaziergänger schnell ihre Schirme und setzen sich auf den Boden. Der zuletzt geschlossene Schirm scheidet aus, und das betreffende Kind unterstützt die Erzieherin mit Singen und Trommeln. Das letzte Kind dreht mit seinem Schirm eine „Ehrenrunde", während alle anderen singen.

Weitere Vorschläge
Die Kinder drehen die aufgespannten Schirme. Dabei entstehen schöne bunte Farb- und Musterscheiben.
Sie versuchen den Schirm zu balancieren.
Schirmverkauf: Ein Kind ist der Verkäufer, ein anderes der Käufer. Die übrigen Kinder sind verschiedene Schirme. Der Käufer äußert seinen Wunsch, woraufhin ihm verschiedene Schirme vorgeführt werden. (Die Kleidung der Kinder könnte die Bespannung sein.)
Wortspiele: Die Kinder sammeln verschiedene „Schirm"-Worte oder auch Worte zum Begriff „Schirm" wie Röntgenschirm, Lampenschirm, Fallschirm, Regenschirm, Sonnenschirm, Schirmmütze, Fotoschirm, Schirmherr, Schirmpilz, Schirmfabrik, Schirmhülle, Ofenschirm usw. und stellen sie pantomimisch dar.
Die Schirme liegen aufgespannt im Kreis. Jedes Kind legt sich unter einen Schirm: „Stell dir vor, es regnet, und du gehst mit deinem Schirm spazieren." – Die Erzieherin klopft mit den Fingern auf die Schirmdächer (Regentropfen).
„Es wird immer heftiger, ein richtig warmer Sommerregen (kühler Herbstregen). Über dir dein Schirm, so springst du barfuß auf dampfendem Boden in den Pfützen herum (so springst du mit hohen Stiefeln übers Pflaster). Wasserblasen schwimmen obendrauf und den Rinnstein hinunter.
– Allmählich wird der Regen schwächer. Es tröpfelt.
– Ein Wind kommt auf. Er bläst immer stärker, packt deinen Schirm, möchte ihn mit sich reißen. Du hältst ihn fest. Hui, ein Stoß. Der Wind packt euch beide, und ab geht die Reise..."

Nicht anders mag es wohl dem fliegenden Robert ergangen sein. Die Erzieherin erzählt die Geschichte vom „Fliegenden Robert":

Wenn der Regen niederbraust,
wenn der Sturm das Feld durchsaust,
bleiben Mädchen oder Buben
hübsch daheim in ihren Stuben.
Robert aber dachte: Nein!
das muß draußen herrlich sein!
Und im Felde patschet er
mit dem Regenschirm umher.

Hui, wie pfeift der Sturm und keucht,
daß der Baum sich niederbeugt!
Seht! den Schirm erfaßt der Wind,

und der Robert fliegt geschwind
durch die Luft so hoch, so weit.
Niemand hört ihn, wenn er schreit.
An die Wolken stößt er schon,
und der Hut fliegt auch davon.

Schirm und Robert fliegen dort
durch die Wolken immerfort.
Und der Hut fliegt weit voran,
stößt zuletzt am Himmel an.
Wo der Wind sie hingetragen,
ja, das weiß kein Mensch zu sagen.

(aus: Heinrich Hoffmann, Der Struwwelpeter, Frankfurter Originalausgabe, Loewes Verlag Ferdinand Carl)

Wohin mag Roberts Reise gehen?
Wohin würdest du denn gerne fliegen?
Am Ende spielen die Kinder im Kreis die Erzählung nach:
Alle sitzen mit geschlossenen Augen im Kreis. Der Regen beginnt: Die Erzieherin reibt ihre Handflächen aneinander. Einer nach dem anderen zur Linken der Erzieherin tut das gleiche, und alle hören, wie der Regen stärker wird.
Wenn nun auch das Kind zur rechten Seite der Erzieherin die Hände aneinanderreibt, fängt sie an, mit den Fingern zu schnipsen, und schon geht das neue Geräusch im Kreis herum, bis man die Regentropfen platschen hört. Sobald alle mit den Fingern schnipsen, geht die Erzieherin zum Klatschen über, und alle folgen ihr – ein echter Klatschregen; daraus wird ein Wolkenbruch, wenn die Erzieherin beginnt, sich auf die Schenkel zu schlagen. Stampfen alle mit den Füßen auf den Boden, entsteht ein Donnergrollen. Schließlich flaut das Unwetter wieder ab, genau wie es gekommen ist – Fußstampfen, Schenkelschlagen, Klatschen, Fingerschnalzen und Händereiben.
Nun aber setzt der Wind ein. Nach dem Regenvorbild: hauchen, tiefes Luftholen und -ausstoßen, pfeifen, blasen, schnaufen und schnauben, zischen usw.
Die Erzieherin ergreift die Hand ihres linken Nachbarn usf., bis sich alle an den Händen halten und die Arme gemeinsam schwingen, heben und senken. Wenn auch der Wind nicht mehr zu hören ist, sinken die Arme, und es wird ganz still im Kreis. Die Kinder öffnen die Augen.
Mit geschlossenen Augen Geräusche wahrzunehmen und sie zu bestimmen, ist nicht leicht für ein Kind. Falls es also mit geschlossenen Augen nicht klappt, versuchen wir es lieber mit offenen.

Anregungen zum Gespräch

– Regen, wo kommst du her?
– Wie entsteht ein Regenbogen?
– Wo kommt der Fluß her, wohin geht er?
– Viele Gewässer sind verschmutzt, auch die Luft. Was können wir tun?
– Wind, wo kommst du her?
– Wie entstehen die Winde, Orkane usw.?
– Wir fliegen – wie geht das zu?
 Wir betrachten Federn und Flügel genauer, um ihre Funktion beim Fliegen besser zu verstehen.
– Was möchte uns der Autor mit seiner Erzählung mitteilen? Dazu schauen wir uns das Struwwelpeter-Buch näher an.

Ideen

– Blasespiele: Wir sammeln Windbegriffe wie Mailüftchen, Sommerwind, Herbstwind, Sturm, Orkan ... und ahmen die Winde mit dem Mund und den Händen nach.

- Was erzeugt Wind? Die Luftpumpe, der Fön, der Propeller, ein Fächer, der Mund usw.
Der Wind und das Wasser erzeugen Energien, die wir nutzen können. Nachdem wir selbst mit den Energien experimentiert haben (Bau eines Windrads, einer Wassermühle usw.), besuchen wir ein Wind- und Wasserkraftwerk.
- Wir machen Seifenblasen.
- Wir spielen Wattepusten.
- Wir blasen Luftballons um die Wette auf und lassen Heißluftballons mit einer Grußkarte fliegen.
- Wir spielen Papierschnipsel-Ansaugen mit einem Strohhalm und starten eine Staffel: Zwei gleich große Gruppen sitzen sich gegenüber. Jedes Kind hat einen Strohhalm. Das erste jeder Gruppe saugt mit ihm ein Stückchen Seidenpapier an. Nun übergibt es den Schnipsel an das nächste, indem das zweite Kind das Papier mit seinem Strohhalm ansaugt, während das erste losläßt. Gewonnen hat die Gruppe mit dem schnellsten Durchgang (ab etwa 6 Jahren geeignet).
- Wir malen Pustebilder. Dazu wird ein dicker Klecks flüssiger Tinte auf ein Papier getropft und mit einem Strohhalm über die Fläche gepustet.
- Wir spielen die Tischtennis-Eierbecher-Staffel: Zwei gleich große Gruppen werden gebildet. Am Ende des langen Raumes sind zwei Tische aufgestellt. Auf jedem Tisch befinden sich hintereinander stehend zwei hohe Eierbecher. Im vorderen Eierbecher liegt ein Tischtennisball. Nun laufen die ersten der zwei Mannschaften um die Wette zum Tisch, blasen den Tischtennisball aus dem vorderen in den hinteren Eierbecher, vertauschen die Becher, so daß die Ausgangsposition wieder gegeben ist, laufen zurück, um den nächsten Spieler abzuschlagen, der zur zweiten Runde startet, usw. Sieger ist die Mannschaft, deren Spieler die Aufgabe am schnellsten gelöst haben.
- Wir gehen mit unserem Regenschirm im Regen spazieren und betrachten eine Pfütze: Was lebt alles darin? Wie schaut es auf dem Pfützenboden aus? Was passiert, wenn die Pfütze austrocknet?
- Wir betrachten einen Regenwurm.
- Wir lernen Schirme aus aller Welt kennen.
- Wir basteln: Farb- und Musterkreise, so bunt wie unsere Schirme, ein Wind- und Wasserrad, einen Brunnen, ein Papier- und ein Holzschiff, einen Fallschirm usw.
- Wir basteln verschiedene Flugobjekte: Papierflieger, Drachen, fliegende Untertassen usw.
- Wir spielen mit verschiedenen fliegenden Spielsachen: Frisbee, Bumerang, Schleuderflugzeug usw.
- Wir erfinden, schreiben und malen eigene Moritaten, die aus unserem Leben gegriffen sind, z.B.: Trödeln auf der Straße und seine Folgen; die Wut im Bauch, wenn etwas nicht so geht, wie man es will, und was daraus folgt; sich vor Hausarbeiten drücken und die Moral von der Geschicht, usw.

Schließlich erfinden, dichten und malen wir Erwachsenen-Moritaten, die wir als Moritatensänger mit Bildtafeln und mit Gesang auf einem Eltern-Kinderfest in fröhlicher Weise vortragen könnten. Beispiele für Themen:
- Erwachsene haben nie Zeit.
- Das Auto ist Papa wichtiger als ein Spiel mit mir.
- Die Eltern schauen bis tief in die Nacht Fernsehen, während wir ins Bett müssen. Usw.
- Zeitungslauf: Die Kinder legen sich stehend ein Zeitungsblatt auf den Bauch und laufen sofort los. Der beim Laufen erzeugte „Gegenwind" hält das Blatt am Körper fest.

Spiele

Eine Fülle von ausgeführten Spielen, Informationen und Anregungen zu Wind, Regen, Wetter ... findet sich in: Wolfgang Löscher, Der Wind, das himmlische Kind, Don Bosco Verlag, München 1985.

Ging einmal im Regen

Ging ein-mal im Re-gen, Re-gen, Re-gen ei-ne lan-ge Stra-ße auf und ab. Wer kam mir ent-ge-gen, -ge-gen, -ge-gen?
(gesprochen) Ei, wer war's denn? *(Name)* Ei, da nahm ich schnell mein Hüt-lein ab.
La, la, la, la, la, la, la, la, la, la, la, la, la, la, la, la, la, la.

Ein Kind mit geöffnetem Schirm und Hut geht im Kreis auf und ab. „Ei, wer war's denn?" fragen die Kinder das spielende Kind, worauf dieses den Namen eines sitzenden Kindes nennt. Es bleibt vor ihm stehen und nimmt bei „Ei, da nehm ich ..." das Hütlein ab und tauscht den Regenschirm. Beide Kinder tanzen noch miteinander unter dem Schirm. Die restlichen Kinder klatschen.

(aus: Thilde Lorenz, Der Zippelzappelmann, Fidula-Verlag/Holzmeister GmbH Boppard/Rhein und Salzburg)

Der Spruch „Es tropft – es regnet" (S. 45) als Fingerspiel:
Dazu wird mit allen zehn Fingern immer lauter werdend auf den Tisch getrommelt, um das Geräusch des Regens nachzuahmen. Das Hageln läßt sich schön mit den Knöcheln darstellen. Bei „alle Leute laufen schnell nach Haus" kommen alle Hände unter den Tisch.

Das Singspiel „Roter Falter" (S. 45):
Die Kinder fassen sich an den Händen und gehen

singend mit erhobenen Armen im Kreis herum. Währenddessen „fliegt" der Schmetterling um den Kreis. Bei „die Blümchen gehen zu" gehen alle in die Hocke. Der Falter „flattert" durch eine Türe und setzt sich zu einem Kind, das nun der rote Falter wird.

Lieder

So horcht, ich bin der Wind

T.: Überlieferung/M.: W. Menschick

(aus: Rosemarie Hetzner/Wolfram Menschick, Mein Bulldog, der macht dog, dog, dog. 50 Lieder mit Begleitung für das Vorschulkind, Don Bosco Verlag, München 1986[10])

1. So horcht, ich bin der Wind und kom-me ganz ge-schwind.
Ich we-he durch den Wald, daß weit es wi-der-hallt.

2. Macht Tür und Fenster zu,
   sonst habt ihr keine Ruh!
   So horcht, ich bin der Wind
   und komme ganz geschwind.

S = Schlaginstrument
K = Kadenzharfe (oder Gitarre)
F = Flöte
G = Glockenspiel
X = Xylophon
T = Triangel

Weitere Lieder

„Servus, Tante Annegret"
aus: H. Gschwendtner/B. H. Bull, Lieder mit Pfiff. Don Bosco Verlag, München 1982
„Tropf, tropf, tropf"
„Einmal fliegen möcht' der Peter"
aus: R. Hetzner/W. Menschick, Mein Bulldog . . . a.a.O.
„Viele, viele tausend Tropfen"
„Mal Regen und mal Sonnenschein"
aus: Rosemarie Hetzner/Wolfram Menschick, Seht, ein großer Regenbogen. Neue Lieder im Jahreskreis mit Begleitung für Vor- und Grundschule, Don Bosco Verlag, München 1985[4]
„Der Wind schleicht wie ein Räubersmann"
„April, April"
aus: Wir kleinen Sänger, Liederbuch für die Volksschule, Bayerischer Schulbuch-Verlag, München

„Der Wind, der singt ein Regenlied"
aus: Meinolf Neuhäuser, Bunte Zaubernoten, Verlag M. Diesterweg, Frankfurt/M.
„102 Gespensterchen" von J. Krüss/W. Keller
„Wenn ich eine Pfütze sehe" von F. K. Waechter
„Das Würmchen", Scherzlied von Fredrik Vahle
„Am Bahndamm wohnt der Regenmann" von Margarete und Wolfgang Jehn
aus: Dorothée Kreusch-Jacob, Das Liedmobil, Verlag H. Ellermann, München
„Wenn es draußen regnet" von E. Mertke
aus: Wir spielen und lernen im Kindergarten
„Pitsch, pitsch, patsch"
aus: Heribert und Johannes Grüger, Die Liederfiebel, Pädagogischer Verlag Schwann, Düsseldorf 1974

Tanz

Wirbelwind

Musik: „Mogelkette", FF 3060 Schallplatte, FC 6 Cassette; Musicassette Kallmeyer Verlag, Wolfenbüttel.

Schritte: nach Wahl des anführenden Kindes.

Aufstellung
Alle verteilen sich im Raum und sitzen auf dem Boden. Ein Kind ist der Wirbelwind und hat eine leuchtend bunte Raschelfahne in der Hand (ein Stock, etwa 30 cm lang, mit bunten Krepp-Papierbändern).
Das Wirbelwind-Kind steht auf und beginnt zwischen die Kinder zu tanzen. Wo es vorbeikommt, stehen sie auf und tanzen in der freibeweglichen Gruppe mit: Sie können sich mitwirbeln lassen, oder sie tanzen aus dem Windsog heraus, setzen sich und machen Pause. Nach einiger Zeit legt sich der Sturm, d.h. das Windkind und damit alle anderen Kinder tanzen immer ruhiger und verhaltener, bis *alle* auf dem Boden sitzen.
Inzwischen ist auch die Raschelfahne an ein anderes Kind abgegeben worden. Dieses übernimmt nach kurzer Pause plötzlich die Führung, und der „Sturm" beginnt von neuem.

Variationen
Die Raschelfahne kann durch ein leichtes, leuchtendes Chiffontuch ersetzt werden.
Ist Zeit für Spaß, kann man einen Stoß Zeitungspapier über den ganzen Boden verteilen. Beim Tanzen werden sie durchstöbert, weitergeschoben, zerrissen.
Mit zwei oder drei Raschelfahnen geht es sehr stürmisch zu, und der Sturm legt sich erst, wenn die Musik zu Ende ist.

(aus: Anneliese Gaß-Tutt, Tanztrubel, Tänze für Kinder von 4–10 Jahren, Don Bosco Verlag, München 1985)

Gedichte

Regenschirme

Wenn die ersten Tropfen fallen,
lustig auf das Pflaster knallen,
blühen sie wie Blumen auf.
Bunt gestreifte, bunt gefleckte,
bunt getupfte, bunt gescheckte
nehmen fröhlich ihren Lauf.

Seit die ersten Tropfen fielen,
schweben sie auf dünnen Stielen
leuchtend, schimmernd, rund und glatt.

Bunt gestreifte, bunt gefleckte,
bunt getupfte, bunt gescheckte
Schirme blühen in der Stadt.

(Vera Ferra-Mikura aus: H.-J. Gelberg (Hrsg.), Die Stadt der Kinder, © 1982², Georg Bitter Verlag, Recklinghausen)

Weitere Gedichte

„Wolkenreise"
in: Hans Baumann, Wer Flügel hat, kann fliegen, Ensslin & Laiblin Verlag, Reutlingen

„Regen"
in: Faulbaum, Die klingende Kette, F. Ehrenwirth-Verlag, München
„Sturmgebrause"
„Wind"
in: Josef Guggenmos, Das Geisterschloß, Rowohlt-Verlag, Reinbek
„Wind im Ort" von Josef Guggenmos
„Ich und mein Regenschirm" von Hanna Hanisch
„Wolkenkind" von Sigrid Heuck
in: Hans Bödecker, Die Kinderfähre, Union-Verlag, Stuttgart

Geschichten

„Spazierstock und Regenschirm"
in: Sylvia Bayr-Klimpfinger/Agnes Niegl, Erzähl mir was! Verlag für Jugend und Sport, München
„Wie der Regenschirm entstanden ist". Englisches Märchen
in: Berta Hofberger, Jetzt kommt Euer Betthupferl, F. Ehrenwirth-Verlag, München

Tradition und Brauchtum

Welches Kind ließe sich nicht gerne, wie der fliegende Robert, vom Wind mit auf die Reise nehmen, obwohl in der Geschichte ein bedrohlicher Beiklang mitschwingt? Besser, als die Geschichte endet, sind denn wohl auch die Launen des Aprils nicht zu beschreiben: „... Wo der Wind sie hingetragen, ja, das weiß kein Mensch zu sagen."
In Zeiten, als die Menschen noch naturverbundener und -abhängiger waren, glaubte auch der Erwachsene an die Mächte der Windgeister. Alljährlich am Fastnachtsdienstag wurden zu diesem Zwecke Fruchtbarkeitsopfer an die Winde aus dem Fenster geworfen. Nüsse und Gebäck waren beliebte Windopfer.
Der Sonnenschirm stellt nach indischer Symbolsprache den Kosmos dar. Sein Stab symbolisiert den Weltberg (Meru) und das Schirmdach den Sternenhimmel.

Mai

Es kommt eine Zeit
da machen die Vögel Hochzeit

Nachtigall und Lerche
Zaunkönig und Sperling
Rotkehlchen und Amsel

Ein Lied fliegt zum andern
Die Bäume tragen weite Kleider
Der Wind läutet die Blumen
Die Bienen haben goldne Schuhe

Die Katze
die graue die schwarze die weiße
sie darf es nicht tun
sie darf die Hochzeit
nicht stören

Elisabeth Borchers

Das Mai-Märchen — aus der Sammlung der Brüder Grimm:

Jorinde und Joringel

Zur Deutung

Das Märchen „Jorinde und Joringel" läßt vor unserem inneren Auge Traumbilder aufsteigen, deren Symbolgehalt eine magische Anziehungskraft ausüben. Magie ist auch eines der wichtigsten Elemente dieses Märchens. Schon der Märchentitel weckt aufgrund der Namensähnlichkeiten den Verdacht, daß es sich um ein und dieselbe Person handelt, die lediglich in zwei sich ergänzende Hälften gespalten ist. Diese Zweiseitigkeit spielt sich hier vorwiegend im Dämmerzustand des Waldes, der Schloßmauern und der Tageszeiten ab.

Das Schloß mitten im großen, dichten Wald, Symbol unserer Leibesbehausung, bietet viele Möglichkeiten, darin einzudringen oder daraus hervorzugehen. Außerdem gewähren die vielen Fenster, Türen und Tore Ein- und Ausblick. Doch es liegt so weit entfernt, überwuchert von den vegetativen Lebenskräften, die uns jeden Weg versperren und uns dem Dämmerzustand preisgeben.

In diesem Schloß wohnt die alte Frau, eine Erzzauberin, deren Wissen um die alte Magie sich auf eindringlichste Weise darstellt. Sie, die in der Vergessen- und Vergangenheit verborgene, verwandelt sich bei Tage in eine Katze (Symbol der alten ägyptischen Göttin des Liebeszaubers, sanftes Kätzchen wie auch kleines Raubtier) oder in eine Nachteule (Symbol der Weisheit, Seelenvogel der Pallas Athene, fähig zur Traumbilderkenntnis). Beiden Verwandlungsobjekten sind die weitgehende Blindheit bei Tage und der natürliche Lebensbereich der Nacht gemeinsam, so daß sie wohl die Tag- und Nachtseiten im Liebes- und Erkenntnistrieb verdeutlichen.

Des Abends, so erfahren wir, nimmt die Erzzauberin jedoch wieder menschliche Gestalt an. Sie schlachtet, kocht und brät das Wild und die Vögel, also die unschuldigen Naturtriebe, die der Mensch in seiner Begierde opfert.

Jorinde, die weibliche Seite — die Seele im Menschen, wird von der Magie gebannt und ihres Willens beraubt, wodurch sie sich in eine Nachtigall verwandelt und den Mächten der Nacht verfällt.

Tag und Nacht spielen in unserem Erleben eine wichtige Rolle, denn sie verkörpern die zwei Aspekte unserer Innenwelt. Der Begriff Nacht meint die vergangene Zeit, in der das Mutterrecht die Menschheitsgeschichte prägte. Damals rechnete man in Mondperioden, und Wahrträume wie auch prophetische Offenbarungen bestimmten das Denken und Handeln der Menschen. In unserer Gegenwart, dem männlichen Zeitalter, bestimmt die Sonne die Zeitenfolge, und die Traumbilderkenntnis verbleicht hinter der wachen Einsicht des Denkens. So verstehen wir als Nacht die Vergangenheit und als Tag die Gegenwart. Alte, überlieferte Denkweisen und Magien, die in unserem Unterbewußten, einem der Seele nahen Bereich, verborgen liegen, können den Wachzustand verdämmern und auslöschen. Jorindes Lied:

„Mein Vöglein mit dem Ringlein rot
singt Leide, Leide, Leide:
es singt dem Täubelein seinen Tod,
singt Leide, Lei- zicküth, zicküth, zicküth",

unterstreicht den Verwandlungsvorgang und verdeutlicht, wie die einstige Flugkraft der Seele (Symbol des Vögleins) und deren lebendige Einheit (Symbol des roten Ringleins) mit dem Geist (Täublein) gebrochen wird, da am Ende der Geist gelähmt und abgespalten von der Seele nicht mehr einswerden kann mit ihr.

Der Geist, Bräutigam der Seele, steht dem Ereignis zunächst hilflos gegenüber. Erst wenn er sich selbst bewußt auf diese Erlebnissphäre einläßt, sich mit ihr auseinandersetzt und ihr aktiv begegnet, vermag er seine

Braut, die Seele, zu erlösen. Joringel macht sich dazu auf in ein für ihn fremdes Dorf, wo er lange Zeit die Schafe hütet. Währenddessen nähert er sich auch immer wieder dem Schloß, ohne jedoch den Bannkreis zu betreten. Joringel begibt sich also auf „Neuland", in ein Dorf, das er zwar überblicken kann, das ihm aber fremd ist. Dörfer entsprechen den ursprünglichen und „primitiven" Lebensgemeinschaften der Menschen. Natur und menschliche Behausungen harmonieren noch miteinander. Das Hüten der Schafe, instinktgeleitete und triebhafte Geschöpfe der Natur, symbolisiert Joringels Auseinandersetzung mit der eigenen Triebhaftigkeit. Er nimmt sie wahr und lernt sie als eigene Kostbarkeit zu hüten. Auf diesem Hintergrund ist es ihm möglich, sich dem Schloß (Leibeshaus) gefahrlos zu nähern, ohne in dessen Bannkreis gezogen zu werden. Als Hirte seiner seelischen Impulse kann er jetzt auch Traumoffenbarungen sehen, da er den Zugang zur Erlebniswelt des Seelisch-Mystischen gewonnen hat.

Das Bild der blutroten Blume mit dem Tautropfen darin, so groß wie die schönste Perle, läßt uns das Symbol der aktiven Liebe erkennen. Der Tautropfen, vollkommen geschlossenes Wassergebilde, in dem wir die Gedanken der Seelenwelt auftauchen und wieder verschwimmen sehen, symbolisiert die Seelentiefe, die von der ich-haften Liebe umschlossen wird und damit in der irdischen Erlebniswelt ihre Früchte hervorbringen kann. Schließlich aber bleibt der Tautropfen auch das Geschenk der Nacht an den nahenden Tag. Joringel findet die Blume am neunten Tag. Auch der Mensch setzt sich aus neun Wesensgliedern zusammen: zum einen die Körperlichkeit von mineralischer, pflanzlicher und tierverwandter Natur. Zum anderen das Seelenleben mit seinem Fühlen, Denken und Wollen. Körper, Seele und Geist bilden daraus nun eine Einheit.

So wie Joringel neun Tage die Wunderblume der liebenden Erkenntnis sucht, sind auch wir gefordert, uns auf die Suche nach der eigenen Identität zu begeben.

Wenn Joringel die Blume durch Tag und Nacht trägt, dann bejaht und verbindet er bewußt beide Aspekte der Innenwelt miteinander, so wie die rote Blume mit dem Tautropfen eins ist. Dadurch fordert die wache Erkenntnis den Verlust magischer Zauberkraft bei der Berührung der Blume mit dem Körbchen und der Alten.

Sein Handeln ist gleichzeitig aber auch die Prüfung seiner wahren Liebe, der höchsten Erkenntniskraft des Menschen, die von uns verlangt, in unser Gegenüber einzudringen wie in uns selbst. Um die magische Verzauberung zu durchbrechen, bedarf es also größter Aktivität und Selbstlosigkeit. Dann aber kann sie für alle erlösend wirken, die mit ihr in Berührung treten, wie es das Märchen von den verzauberten Jungfrauen berichtet.

Gestaltung

Material
Ein hoher Korb mit etwa 50 cm langen Metallstäben, ein Vogelkäfig, das Spiel: „Gefangen ist ein Vögelein".

Vorbereitung
Dieser Einheit geht nach Möglichkeit ein gemeinsamer Besuch im Zoo oder wenigstens in einer Tierhandlung voraus. Die Kinder beobachten das Verhalten der Tiere im Käfig.

Durchführung
Die Kinder sitzen im Kreis. In einem hohen Korb stecken mehrere metallene Rundstäbe. „Was kannst du damit machen?" Alle Vorschläge werden gleich im Kreis ausprobiert, indem z.B. ein Stab von Kind zu Kind wandert und unterschiedlich gehandhabt wird: den Stab balancieren. Ihn auf verschiedene Weise tragen. Er läßt sich biegen und schwingen. Schlagen wir zwei aneinander, so erklingt ein Ton. Wir können Formen und Bilder damit legen.

Auch unser Körper hat „gerade Linien". Die Kinder suchen, benennen und demonstrieren sie (Arme und Beine).

Welche geometrischen Formen kann ich mit dem Körper darstellen?
Zum Beispiel einen Winkel, ein Dreieck, eine Raute, eine Parallele usw. Aus den einzelnen Formen entstehen einfache Gegenstände, die von den Kindern mit den Metallstäben gelegt werden: z.B. ein Haus, ein Zaun, ein Tisch, ein Stuhl usw. Dazu legt jedes Kind abwechselnd einen Stab ab. Das Endergebnis kann vorher abgesprochen werden oder entwickelt sich aus der Situation.
Schließlich wird ein Haus gelegt und in dessen Innenraum ein Gitter. Was könnte es darstellen? – Z.B. ein Gefängnis, eine Gartenlaube, ein Treibhaus, einen Kletterturm, einen Käfig usw. (spontane Äußerungen der Kinder).

Nun setzt sich ein Kind mit geschlossenen Augen in den Kreis. Die anderen bilden ein Gitter um und über das Kind. Die Erzieherin fragt:
„Wer bist du?" – Die Antwort könnte lauten:
„Ich bin ein Vogel (ein Affe, ein Mensch, ein Tiger usw.) im Käfig."
„Wie verhält sich ein Vogel (ein . . .) im Käfig?"
Die Kinder spielen es nach.
„Warum sind sie hinter Gitter?"
„. . . damit sie nicht weglaufen/wegfliegen können. Weil sie so selten und schön sind. Weil sie wild sind. Weil sie etwas getan haben . . ."
Die Erzieherin stellt einen Vogelkäfig in die Kreismitte: „Ich möchte euch ein Märchen erzählen. Es war einmal ein altes Schloß . . ."

Am Ende des Märchens öffnet die Erzieherin die Vogelkäfigtüre. Die Kinder äußern sich zum Märchen.

Das Spiel „Gefangen ist ein Vögelein" schließt die Einheit ab: Die Kinder fassen sich im Kreis stehend an den Händen, strecken die Arme empor und bilden daraus ein Dach. In der Mitte sitzt ein Kind, das „Vögelein". Nun dreht sich der Kreis, und die Kinder singen:

Wort und Weise: volkstümlich

1. Ge-fan-gen ist ein Vö-ge-lein und möch-te gern hin-aus,
doch kei-nes will an sei-ner Stell ge-fan-gen sein im Haus.

Das Vögelein singt daraufhin alleine:
2. „O bitte schön, o bitte schön, laßt mich doch einmal ..'naus!"
Die Kinder antworten:
„Wir können nicht, wir können nicht, flieg nur zum Schornstein raus!"
Sie lösen die Hände, gehen in die Hocke und ahmen den Rauch des Schornsteins nach. Das Vögelein hüpft zwischen den Kindern hindurch und fliegt fort.

Anregungen zum Gespräch

– Was heißt sich einander versprechen?
  Die Kinder fragen, was sie über Liebe und Heirat wissen wollen.

– Was bedeutet Angst?
  Die Kinder formulieren ihre Angstgefühle, indem sie ihre Erlebnisse der Angst erzählen. – Es gibt viele Dinge, die uns Angst machen; manche kennen wir, manche nicht. Jorinde und Joringel fühlen auch die Angst im Wald vor dem Schloß. Welche Angst ist das? – Die Angst vor der Trennung. Angst um Leib und Wohl. Die Angst, das Glück könnte sich in Unglück verkehren. Die Angst vor der Dunkelheit und Abenddämmerung.

– Mir hat geträumt . . .
  Die Erzieherin wiederholt die Stelle von Joringels Traum im Märchen und läßt die Kinder eigene Träume erzählen. Die Kinder malen ihre Träume. Es gibt schöne und häßliche Träume. Manche Träume erscheinen uns so wirklich, andere so verwirrend und unecht.

– Was bedeutet es, gefangen zu sein?
  Die Kinder spielen Fangspiele. Sie lassen sich in einen großen Sack oder Karton einsperren und verweilen darin eine Zeit. Jedes Kind bestimmt selbst, ob und wie lange es darin sein möchte. Wie wäre es, wenn eines länger gegen seinen Willen darin bleiben müßte? Kennst du eine ähnliche Situation der „Gefangenschaft"? Z.B. Hausarrest, ins Bett geschickt werden, den Hof nicht verlassen dürfen, um irgendwo anders zu spielen. Aber auch ein eingesperrtes Tier, ein Mensch, eine Pflanze usw.
  Wir lernen verschiedene Gründe von „Gefangenschaft" kennen: z.B. elterliche Fürsorge, Strafe, aus Gründen des Machtbesitzes, der Bequemlichkeit halber, aus Rücksichtslosigkeit und Gleichgültigkeit. Es gibt „Gefangenschaft", die wir nicht als solche erleben, da sie uns im Grunde schützt und erklärbar ist. Aber es gibt auch solche, die wir nicht verstehen und auf die wir verzichten sollten.

– Wir erzählen uns Erlebnisse vom Suchen und Finden.
  Wir suchen und finden verlorene (oder versteckte) Gegenstände, eine Lösung, einen Weg, eine Hilfe usw.

Ideen

Die Kinder schließen ihre Augen und stellen sich das Schloß im Wald vor.
Wie sieht dein Schloß aus?
In welchem Wald steht es?
Die Kinder malen ihr Zauberschloß im Wald.
Wir besuchen ein Waldschloß.

Wir spielen Bewegungsspiele:

Das Gestenspiel „Versteinern"
Alle Kinder stehen im Kreis. Eines beginnt mit einer Geste und einem Laut, die von Kind zu Kind

nacheinander rund im Kreis nachgeahmt werden, bis Geste und Laut wieder beim ersten Kind angelangt sind. Nun beginnt das zweite Kind eine Geste und einen Laut rundherum zu schicken. Usw.

„Alle Figuren verwandeln sich..."
(siehe Dezember, S. 133).

Fangspiel: Verhexen
Ein oder zwei Hexen, je nach Gruppengröße, jagen die Kindergruppe mit einem Tuch in der Hand. Die Hexe muß ihr Opfer mit beiden Händen an verschiedenen Körperstellen berühren, um es zu verhexen. Das Opfer bleibt dann am Platz wie angewurzelt stehen und beginnt jämmerlich zu schreien. Aber es kann nicht mehr sprechen. Alle noch nicht verhexten Mitspieler versuchen nun durch „Handauflegen" die Opfer wieder zu entzaubern. Dazu müssen sie mit ihren Händen die von der Hexe berührten Stellen finden; erst wenn sie das Opfer dort berühren, ist es entzaubert und kann weglaufen. Das Spiel ist zu Ende, wenn alle verhext sind oder die Hexe aufgibt. Die Hexe kann auch durch Abgabe des Tuches an ein anderes Kind während des Spiels die Rolle tauschen.

Fangspiel: „Zauberstab"
(siehe Oktober, S. 116).

Fangen mit Gefängnis: z. B. Räuber und Gendarm.

Wir betrachten Dinge, die sich verwandeln: Eine Raupe wird zum Schmetterling. Die Blüte wird zur Frucht, die den Samen birgt. Aus dem Ei schlüpft ein Küken...
Wir experimentieren und beobachten die Verwandlungsvorgänge. Beispiel: Erhitztes Wasser verwandelt sich in Dampf.

Spiele mit Körben
Wir befühlen und raten die verschiedenen verdeckten Inhalte der Körbe. Wir verstecken unter einem der leeren Körbe eine Feder. Unter welchem ist sie?
Wir spielen das Korbballspiel. Die Kinder versuchen Bälle oder Steinchen in einen hochhängenden Korb zu treffen usw.

Wir lernen die Nachtigall und ihren Lebensbereich kennen.

Ein Schäfer erzählt uns von seiner Arbeit.

Suchen und Finden – Spiele zum Thema
Versteckenspiele, Ostereiersuche...
Such den Fingerhut: Die Erzieherin zeigt den Kindern einen Fingerhut, den sie anschließend versteckt und von den Kindern suchen läßt. Wer weiß, wo er ist, flüstert das Fingerhutversteck der Erzieherin ins Ohr und verrät nichts. Erst wenn alle zu Ende gesucht haben, wird verraten, daß der Fingerhut auf dem Finger der Erzieherin steckt.

Wir suchen unsere Wunderblume in Wald und Feld.
Jedes Kind pflanzt ein Blumensamenkorn ein und wartet gespannt darauf, welche Blume nach liebevoller Pflege daraus hervorsprießt.
Wir malen unsere Wunderblume.

Wir feiern eine Hochzeit.

Die Kinder spielen eine Hochzeit und das Hochzeitsfest mit Requisiten nach (z. B. Schleier, weißes Kleid, alter Frack und Zylinder, zwei Ringe usw.).
Wir malen ein Hochzeitsbild.
Die Kinder fragen ihre Eltern nach ihrer Hochzeit.

Wir basteln Ringe und anderen Schmuck aus Gold- und Silberdraht.
Wir pflücken einen Hochzeitsstrauß und schmücken ihn mit Bändern und Papiermanschetten.

Wir basteln eine Hexentreppe.

Wir flechten einen hohen Korb.
Wir falten eine Wunderblume.

Wir lernen die Katze und die Nachteule kennen. Was haben sie gemeinsam?

Wir warten auf das Morgengrauen und erleben die Abendröte. (Als günstiger Zeitpunkt für die Märchenerzählung würde sich auch die Abenddämmerung anbieten.)
Wir sammeln ganz früh am Morgen Morgentaublumen.

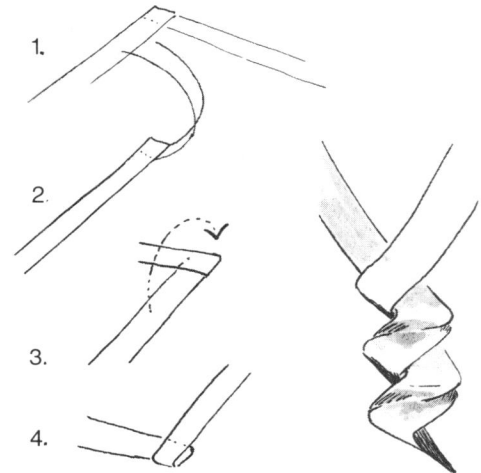

Spiele

Sag mir, Vöglein

1. Saß ein Vöglein so munter in dem schattigen Baum,
blickt so freundlich herunter, man bemerkt es ja kaum.

2. Liebes Vöglein, wollt' dich fragen,
möcht' gern wissen, wie du heißt.
„Ach, das kann ich dir nicht sagen,
weil ich's selber noch nicht weiß."

Spielbeschreibung
Alle Kinder stehen angefaßt im Kreis, Blick nach innen. Ein Kind ist das Vöglein und steht in der Mitte, denn dort ist der Baum. Der Kreis wird durch Ausstrecken der Arme weit auseinandergezogen. Zum Gesang gehen die Kinder auf das Vöglein in der Mitte zu und heben die Arme in die Höhe, – beim Zurückgehen lassen sie sie wieder herunterfallen. Dies wiederholt sich gleichmäßig bis: „Ach, das kann ich dir nicht sagen . . ."
Hier bleiben alle stehen und hören die Antwort des Vögleins. Beim nächstenmal tritt ein anderes Kind aus dem Kreis hinzu, und so fort, bis das Nest sich von Mal zu Mal füllt. Wenn der Kreis so klein geworden ist, daß der Platz nicht mehr reicht, flattern alle Vöglein unter dem geschlossenen Kreis hindurch auf das Spielfeld hinaus, wo die übrigen Kreiskinder sie zu fangen versuchen.

(leicht abgeändert aus: Caroline Creutzer, Kinder, tanzt und spielt mit mir; Buchner Theater Verlag, Krailling vor München)

Vogelfangen
Zu diesem Spiel werden ein Vogelhändler, eine Fee und eine Hexe bestimmt. Alle anderen Kinder stehen in einer Reihe. Jedes bekommt einen Vogelnamen: Lerche, Spatz, Storch, Amsel usw.

Die Fee geht zum Vogelhändler: „Kling! Kling!" – „Wer ist draußen?" – „Die Fee mit dem goldenen Haar." – „Was will sie?" – „Einen Vogel!" – „Was für einen?" – „Einen Finken!"

Wenn es keinen Finken gibt, muß die Fee ein zweites Mal fragen. Nach dem dritten Fehlschlag geht sie wieder heim. Nennt sie aber ein Vogelkind beim Namen, dann ruft der Vogelhändler: „Flieg aus!" Der Vogel rennt davon, und die Fee versucht ihn zu fangen. Erwischt sie ihn, dann gehört er ihr.

Schließlich kommt die Hexe, um einen Vogel zu kaufen: „Bum, bum!" Das Spiel wiederholt sich so lange, bis alle Vögel ausgerufen sind. Nun hängen sich alle Feenvögel hintereinander an die Fee und ebenso die Hexenvögel. Ein Tauziehen zwischen den beiden Gruppen beginnt. Wer die anderen auf seine Seite zieht, gewinnt.

Hühnchen rupfen

Die Kinder bilden einen Stuhlkreis. Eines steht mit verbundenen Augen in der Mitte. Dem „blinden Huhn" werden Wäscheklammern als Federn an die Kleidung geklemmt. Wer kann dem Huhn eine Feder ausrupfen, ohne von ihm dabei abgeschlagen zu werden? Wer erwischt wird, bevor er wieder auf seinem Platz sitzt, spielt das blinde Huhn.

Andere Vogelspiele

Täubchen und Wolf – ein Kreissingspiel
in: Richard Rudolf Klein, Willkommen, lieber Tag, Band I, R. Diesterweg Verlag, Frankfurt/M.
„Vogelfänger"
„Lämmergeier"
„Habicht und Henne"
„Vogelscheuche"
„Vogel, fliege und komm wieder"
„Krähenkönig"
Fang- und Geschicklichkeitsspiele in: Rudolf Kischnick, Was die Kinder spielen, Verlag Freies Geistesleben, Stuttgart
„Die Täubchen". Ein Fingerspiel
in: H.-J. Gelberg, Bunter Kinderreigen, Arena-Verlag, Würzburg
„Es singen viele Vöglein" von Erno Seifriz
in: Ringel, Rangel, Rosen, Otto Maier Verlag, Ravensburg
„Stäbchen tragen". Ein Bewegungsspiel mit Melodie
in: Margot Pötschke, Zeige . . . was du hörst, Edition W. Hansen, Frankfurt/M.
„Ich öffne jetzt mein Taubenhaus". Ein Kreissingspiel

Lieder

Jorinde und Joringel

(Das „Ziküh" singen und spielen die Kinder in hohen Tönen nach ihrer Vorstellung.)

Andere Lieder

„Der kleine Sperling". Lied aus Mexiko
in: Kinderlieder aus aller Welt, Liedtextdurchsicht von Konrad Balder Schäuffelen, Lieder für Klavier Gisela Drohla, Insel Verlag, Frankfurt/M. 1978
„Ach in Trauren muß ich schlafen gehn"
„Frau Nachtigall"
in: Erich Stockmann, Des Knaben Wunderhorn in den Weisen seiner Zeit, Akademie-Verlag, Berlin 1958, Band 16

(Text: Grimms Märchen, Melodie: Lilli Friedemann
aus: Lilli Friedemann, Kinder spielen mit Klängen und Tönen, Möseler Verlag, Wolfenbüttel und Zürich)

Tanz

Hochzeit

1. Wir wolln heiratn, heiratn, heiratn, wir wolln heiratn, di-re, da-re, du.
2. Wen wollt ihr heiratn?
3. Ilse wolln wir heiratn!
4. Ihr seid uns viel zu poltrig! (lustig, hastig, usw.)
5. Ebenso fein wie ihr seid! (ernst, langsam, usw.)
6. Wir fahrn zur Hochzeit.
7. Spielet auf zum Brauttanz!

Die Kindergruppe steht handfassend in einer Linie leicht nach rechts gewendet, auf acht Schritte Entfernung dem Brautwerber gegenüber.

1. Vers: Der Werber macht drei Schritte auf die Linie zu und setzt mit dem vierten Schritt den Fuß zur Grundstellung an. Er wiederholt es noch einmal nach vorne, um dann in gleicher Weise zum Ausgangspunkt zurück zu gelangen.
2. Vers: Nun macht die Kindergruppe als Linie denselben Bewegungsablauf auf den Werber zu und wieder zurück.
3. Vers: Ebenso wie beim 1. Vers, doch führt der Werber nun die Erwählte aus der Linie mit sich zurück an seinen Platz.
4. Vers: Die Kindergruppe wendet sich ab. Sie singen die Ablehnung und hüpfen dabei von einem Fuß auf den anderen, wobei das freie Bein nach hinten gehoben wird.
5. Vers: Nachdem sich die Kindergruppe den Brautleuten wieder zugewandt hat, antwortet das Paar in derselben Weise.
Die Kinder setzen dabei ihre eigenen Worte ein oder denken sich statt der Ablehnung einen Ausdruck spielbarer Zustimmung aus. Sie spielen das Spiel so lange, bis zwei gleich große Linien einander gegenüberstehen. Bei Vers 3 gehen sie mit drei Schritten aufeinander zu, um mit dem vierten Schritt den Fuß zur Grundstellung anzusetzen. Das gleiche zurück und wieder nach vorne. Abschließend macht die rechte Reihe eine Rechtswendung, während die linke eine Linkswendung durchführt, um so aus der Doppelreihe einen Kreis zum Hochzeitszug zu bilden.
6. Vers: Der Umzug hält so lange an, bis der Kreis geschlossen ist. Der Vers wird zweimal gesungen.
7. Vers: Dann wenden sich die Kinder zur Paarbildung im Kreis einander zu, haken sich beim Partner unter und hüpfen rechts herum und schließlich nach dem Seitenwechsel links herum. Statt sich einzuhaken, können sie sich auch nur an beiden Händen fassen und im Kreis tanzen.

(Wir wollen heiraten, Fassung: Walther Pudelko; bearbeitet von Renate Schmidt-Karakatsanis; Eigentum des Bärenreiter-Verlages, Kassel und Basel)

Gedichte

Der Kanarienvogel

„I hätt gern an Kanari ghabt",
so hat im Tiergschäft drin
de Witwe Siebzehnrübl gsagt,
„a Vogerl, des schee singt."
„Da schaungs", hat der Besitzer gmoant,
„dort in den Käfig nei.
Da drinna hätt i grad no zwoa,
de kanntn richtig sei."
Im Käfig san zwoa Vögerl gwen,
der oa hat unbeirrt
in oaner Tour und wunderschön
sei Liad raus tiriliert.
Der ander ist ganz lätschert grad
im Käfig ghockt danebn,
hat gfreßn bloß und hat akrat
koan Laut net von se gebn.
„Des oane Vogerl hätt i gern",
hats gmoant, „des so schee singt."
„Geht net", moant der, „weils abgebn wern
bloß dem, der beide nimmt!"
„Der ander", bstehts drauf, „is ma z'lahm,
weil der net singt, bloß frißt."
„Huift nix", moant der, „de zwoa ghörn zamm,
des is der Komponist!"

(Helmut Zöpfl in: Die schönsten Kindergedichte, hrsg. von Helmut Zöpfl, W. Ludwig Verlag, Pfaffenhofen)

Weitere Gedichte

„Nachtigall, ich seh dich laufen"
„Kuckuck hat sich totgefallen"
in: Ich will euch was erzählen. Deutsche Kinderreime, ausgew. von Anne Gabrisch, Verlag Langewiesche-Brandt, Ebenhausen
„Eine Taube flog vorüber"
in: Josef Guggenmos, Was denkt die Maus am Donnerstag? G. Bitter Verlag, Recklinghausen
„Die Täubchen"
in: H.-J. Gelberg (Hrsg.), Bunter Kinderreigen, Arena-Verlag, Würzburg
„Federn, Federn überall"
in: Alfred Könner, Der Rummelpott, Verlag Jugend und Volk, Wien
„Es sitzt ein Adler auf dem Dach"
in: Ruth Dirx, Dirx-Kinderreime, Büchergilde Gutenberg, Frankfurt/M.
„Ein neuer Morgen" von Oskar Stock
in: Helmut Zöpfl, Die schönsten Kindergedichte, W. Ludwig Verlag, Pfaffenhofen

Tradition und Brauchtum

Als Joringel von der Zauberblume träumte, muß es wohl Mai gewesen sein, der Güldensonntag nach Pfingsten. Denn an diesem Tag oder in dieser Nacht soll die Wunderblume aufblühen. Sie macht es möglich, verwunschene Jungfrauen zu erlösen, und öffnet Berge mit verborgenen Schätzen.

Juni

Es kommt eine Zeit
da sind die Fische blau

Die blauen Fische kommen
die kleinen und großen
Bäche hinab
Sie fahren durch Flüsse
und Seen
Sie wollen alle ins Meer

Wenn wir ganz schnell laufen
zum Bach
zum Fluß
zum See
kommt ein blauer Fisch daher

Wir fragen ihn
Wohin willst du Fisch
Und er antwortet nicht

Wir fragen den Fisch
Bist du stumm
Und der Fisch sagt
Ja ich bin stumm

Und er ist fort

Elisabeth Borchers

Das Juni-Märchen von Wilhelm Hauff:

Zwerg Nase

Zur Deutung

Dieses Märchen quillt förmlich über an Symbolen, Anspielungen und Deutungsmöglichkeiten. In diesem Rahmen kann deshalb nur ein Umriß gewagt werden.

Das Märchen zeigt an seinem Helden den Entwicklungsprozeß auf, der nötig ist, um das Ziel der Selbstverwirklichung zu erlangen. Es beginnt mit der Ablösung vom Elternhaus. Die Mutter wird durch die verführerische Fee (positive Kraft der Seele Natur) ersetzt, die Jakob in ihrem Feenhaus (Seelenwelt der Natur) einer Wandlung unterzieht. Sie demonstriert ihm bereits an den Kohlhäuptern (dem grünen Gemüse), was sie mit ihm vorhat, indem sie diese in Menschenköpfe verwandelt (Nervenzentrale des Menschen, wo Fühlen, Denken und Handeln koordiniert und gesteuert werden).

Nach Genuß der Kräutersuppe (orale Einverleibung) dient Jakob als Eichhörnchen (Assoziationen wie Bäume, Wald und darin von Ast zu Ast hüpfen usw. verdeutlichen Jakobs Entwicklungsweg) im Feenhaus, um die Seele Natur zu erkunden. Nachdem er das Kräutlein „Niesmitlust" gerochen hat (sinnliche Wahrnehmung), verläßt er den Ort als häßlicher Zwerg mit übergroßer Nase (Phallussymbol), um seine erworbenen Kenntnisse der Kochkünste (Triebbewältigung) im Palast des Herzogs erfolgreich einzusetzen und damit seine Integration in der Gesellschaft wieder herzustellen. Zuvor aber muß er dreimal die Verkennung durch die Eltern und die Umwelt erleben: 1. Die Eltern anerkennen ihn nicht als den verlorenen Sohn. 2. Der Versuch, sich im Spiegel wiederzufinden, wird ihm als Zeichen der Eitelkeit ausgelegt. 3. Man zweifelt anfangs an seinen Kochkünsten. So stellt sich die Situation des pubertierenden Jugendlichen dar. Er fühlt sich von der Umwelt ausgestoßen und verkannt. Seine körperlichen Veränderungen beschämen und verunsichern ihn. Man sieht ihm förmlich an der Nasenspitze an, was in ihm vor sich geht. Wenn Zwerg Nase beim Erwachen im Feenhaus sich an den Schranken stößt, ist dies ein Bild für das Anecken des Jugendlichen an gesellschaftlichen Regeln und Zwängen (Tabus).

Nachdem er im Palast seine Triebe zu befriedigen versteht, muß er unter einer Probe, die ihm das Über-Ich in Form des Fürsten stellt, nun auch lernen, die Herrschaft über sie zu erlangen. Dies beweist er als Chefkoch, der die Verantwortung für die Zubereitung der Königinnenpastete übernimmt. Da ihm aber das Wissen um das Kräutlein fehlt, bleibt das Essen ohne Würze, und die vollendete Selbstverwirklichung, für die die Königinnenpastete steht, rückt in unerreichbare Ferne. Die folgenschwere Strafandrohung des Kopfverlusts zeigt an, daß zwar Seele und Körper (Triebe) vereint sind, der Kopf aber noch nicht integriert ist und dadurch die Schwelle zur Harmonie nicht überwunden werden kann. Erst mit Hilfe der Gans (Symbol der irdischen Intelligenz) kann Zwerg Nase die Aufgabe lösen und das Kraut mit der rot-gelben Blume (die Würze der Liebe, die sowohl positive wie negative Aspekte der Leidenschaft in sich trägt) im Schloßgarten (Symbol des Paradieses) unter dem Kastanienbaum (abendländischer Feigenbaum/Feigenblätter) am anderen Ufer des Sees (Ursprung der Schöpfung) finden.

Voraussetzung ist ferner eine Neumondnacht (Symbol des Schwindens und Wiederkehrens der Gestalt, das im Zeichen der Mondgöttin Artemis bei Geburten angerufen wurde).

Der Akt der Erlösung entspricht dem Geschlechtsakt; der Blütenkelch steht für die Haltung des Empfangens. Jakob kann die Gans Mimi nur dadurch erlösen, daß er von seinem momentanen Wunsch, zu den Eltern zu eilen, absieht und sie aus Dankbarkeit zu ihrem Vater bringt, dem Zauberer (Sinnbild für den Menschen, der das Gleichgewicht in sich gefunden hat), der sie erlöst. Nachdem er Seele, Körper und Geist vereint hat und beweist, daß er von sich selbst absehen kann, um aktiv auf andere zuzugehen, wird er von den Eltern als ihr Sohn anerkannt.

Wenn am Ende Herzog (Triebe) und Fürst (Über-Ich) in Streit miteinander geraten, so daß der Kräuterkrieg

(Seelenaufruhr) entbrennt, der schließlich im Pastetenfrieden (Triebbewältigung) glücklich endet und sie friedlich die Pastetenkönigin teilen läßt, so bringt das Märchen den gesamten Inhalt noch einmal in Kürze auf einen Nenner.

Obwohl das Märchen in Deutschland spielt, fühlt man sich im Feenhaus und im Palast in den Orient versetzt. Auf diese Weise unterstreicht das Märchen den aufgewühlten Seelen- und Triebzustand des Kindes, der vor und nach dem Entwicklungsschritt sich als normal darstellt und den Leser wieder im Abendland verweilen läßt.

Gestaltung

Material
Verschiedene Gewürztütchen mit Inhalt, eine Augenbinde, die jeweiligen Gewürze und Naturkräuter, das Kreissingspiel: „Kranz wolln wir binden", ein kleiner Reif und eine Spule Garn. Der Kräuterbund wird zu mehreren kleinen Sträußchen gebunden.

Durchführung
In der Kreismitte liegen verschiedene Gewürztütchen. Ein Kind versucht mit verbundenen Augen die Inhalte zu bestimmen, während ein zweites das genannte Kraut dazu legt.
Neben das Päckchen mit Dill legt es einen Bund Dill ...

Petersilie, Majoran, Lorbeer, Kamille, Pfefferminze ...: Welche Gewürze und Kräuter kennst du?
Wie sehen sie aus?
Wer hat schon einmal selbst Kräuter gepflanzt?
Wo wachsen sie?
Wozu verwenden wir sie?
– Wir würzen mit ihnen das Essen.
– Sie heilen unsere Wunden und lindern die Schmerzen.
– Sie schmecken und riechen gut.
Früher (zum Teil auch noch heute) wurden Kräutersträuße- und -kränze in den Häusern aufgehängt, um die Bewohner vor Unheil zu bewahren (Kräutersegen an Mariä Himmelfahrt).
Die Kinder fassen einander an den Händen. Jedes Kind wählt in Gedanken ein in der Kreismitte liegendes Kraut aus. Der Kreis dreht sich, und alle singen dazu:

Kranz wolln wir binden *Volkstümlich*

1. Kranz wolln wir binden, wir binden einen Kranz.
Unsrer Grete, hübsch und fein, soll der Kranz gebunden sein.

2. Kranz wolln wir lösen,
   wir lösen einen Kranz.
   Unsrer Grete, hübsch und fein,
   soll der Kranz gelöset sein.

Das genannte Kind tritt daraufhin in den Kreis, nimmt sich ein Kräutersträußchen, steckt es an seiner Kleidung fest und reiht sich, die Arme überkreuzt, wieder ein.
Wenn jedes Kind ein Sträußchen entgegengenommen hat, kann mit der 2. Strophe der Kranz gelöst werden, und alle setzen sich nieder.
Ein Reifen und eine Spule Bindfaden liegen in der Mitte. Nun beschreibt ein Kind eines der Kräuter, und alle versuchen es zu erraten. Wer das Kraut bei sich trägt, tritt in den Kreis und bindet es an den Reif usw., bis alle Kräuter zu einem Kranz gewunden sind.

Die Kinder betrachten den Gewürzkranz, in den die Erzieherin eine dicke, brennende Kerze gestellt hat. Dann beginnt sie: „Ich will euch eine Geschichte erzählen, in der ein Kraut Heil und Unheil gestiftet hat ..."
Am Ende der Erzählung geben die Kinder den Kranz im Kreis herum. Jedes riecht einmal daran. Dann wird er über der Türe aufgehängt.
Die Kinder sollen das nächstemal Körbe und Kräuterfibeln mitbringen, um selbst Kräuter auf der Wiese zu sammeln.

Eine Kurzfassung des nicht ganz leichten Märchens und viele „Nasenspiele" und Anregungen bietet Wolfgang Löscher, RIECH- und SCHMECK-Spiele, Don Bosco Verlag, München 1987[2].

Anregungen zum Gespräch

– Was heißt „sich an die eigene Nase fassen?"
– Warum wurde Jakob verzaubert?

– Begegnung mit anderen Menschen:
  Wir begegnen Menschen, die uns auf Anhieb gefallen, und solchen, die wir, bevor wir sie richtig kennenlernen, gleich ablehnen. Woran mag das liegen?
  Wir sprechen über Gewohnheiten, unterschiedliche Verhaltensweisen, Toleranz und Intoleranz, Sympathie und Antipathie und die äußeren wie auch inneren Wirkungen der Menschen aufeinander.
– Mimi wurde in eine Gans verwandelt, Jakob in einen Zwerg mit übergroßer Nase. Wie oft bezeichnen wir kichernde Mädchen gern als schnatternde Gänse. Die Jungen wirken neben heranreifenden Mädchen oft noch wie Zwerge,

da sich ihre Entwicklung erst später bemerkbar macht.
- Jakob und Mimi können die Wunderblume nur gemeinsam finden und sich damit gegenseitig erlösen. Was können wir nur gemeinsam und zu zweit schaffen? Wir zählen Tätigkeiten und Spiele auf, zu denen man unbedingt einen Partner braucht.

Ideen

- Wir unterhalten uns mit einer Kräuterfrau und schauen in ihren Kräuterkorb.
- Wir kochen eine Zwerg-Nase-Suppe.
- Vielleicht können wir in der Apotheke beim Zubereiten von Salben und homöopathischen Medikamenten zuschauen.
- Wir mixen selbst Salben und trocknen Kamillenblüten für den Tee.
- Wir pflanzen Kräuter an und ernten sie.
- Wir bemalen leere Eierschalenhälften (z. B. mit einem Gesicht) und ziehen darin Kressesamen auf, so daß das Gesicht Haare aus Kresse bekommt.
- Wir binden Gewürzsträußchen und Gewürzkränze.
- Wir flechten Zwiebelzöpfe aus den selbstgezogenen Zwiebeln.
- Gras ist nicht nur Gras: wir pflücken Gräsersträuße und lernen die einzelnen Pflanzen kennen.
- Was ist Heu? Wir erleben die Heuernte und basteln mit Stroh (z. B. flechten, binden, stecken usw., Strohkränze, Strohsterne, Strohpuppen und Hüte, Strohhütten etc.).
- Wir erleben das Stroh, indem wir Spiele auf dem Stoppelfeld und im Stroh veranstalten.
- Wir hören das Märchen vom Rumpelstilzchen.
- Wir sind in einem Stall bei der Fütterung mit Heu und Stroh dabei.
- Wie verändert sich unsere Wiese: Alle sitzen um ein großes Blatt (z. B. ein unbedrucktes Poster). Die Erzieherin hat für jedes Kind einen dicken Klecks Fingerfarbe (mit Wasser verdünnt) auf das Blatt getropft. Mit den Worten: „Nun wollen wir einmal sehen, welch schöne Wunderblume aus deinem Samenkorn erwacht", motiviert sie die Kinder, aus ihrem Farbklecks eine Blume zu gestalten.
- Wir spielen Identifikationsspiele: Ich bin selbst eine Wiese. Wir legen uns ausgestreckt auf den Boden und atmen tief ein und aus. Die Erzieherin spielt mit den Fingerzimbeln die Sonnenstrahlen und berührt nacheinander jedes Kind. Sie erzählt von der Wiese und beschreibt das Leben darauf. Schließlich erweckt sie, bis auf eines, alle Kinder, die ihr folgen und sich mit ihr um das liegende Kind versammeln. Das Kind ist der Wiesengrund, auf dem unsere Finger sich als Tierchen und Pflanzen bewegen. Wenn es seine Augen geöffnet hat, kann ein anderes Kind der Wiesengrund sein.

Ich bin die Wunderblume: Ein Kind kauert sich in der Kreismitte auf dem Boden nieder, während alle anderen den Kreis eng und enger schließen, bis es völlig bedeckt ist. Die kleine Blumenzwiebel regt sich unter der Erde. Langsam bricht ein Sproß hervor und schiebt die Erde sachte zur Seite. Der Boden öffnet sich. Schließlich erblüht die Wunderblume in voller Pracht.

- Wir schmücken uns mit Blumen und Gräsern und winden Blumenkränze.
- Wir lernen Waldfrüchte kennen, z.B. Beeren und Pilze.
- Wir sammeln verschiedene eßbare Beeren.
- Wir gehen auf der Wiese Kräuter sammeln.
- Wiese ist nicht gleich Wiese (Blumenwiese, reine Futterwiese).
- Wir erstellen aus selbstgesammelten, gepreßten Kräutern eine Kräuterfibel (auch Kräutersträuße und Bilder).
- Wir bereiten eine Kräutermahlzeit zu und essen gemeinsam z.B. Kräutertee, Kräuterbutter, Löwenzahnsalat usw.

- *Nasenspiele*

Nasentransport: Wir bilden zwei gleich große Gruppen, die in zwei Reihen einander gegenüber sitzen. Der erste jeder Gruppe klemmt sich eine Zündholzschachtelhülse auf seine Nase und überträgt sie, ohne Zuhilfenahme der Hände, an seinen Nachbarn. So wechselt die Schachtelhülse von Nase zu Nase. Welche Gruppe ist als erste fertig?

- *Geruchskimspiele*

Wir beschnuppern unsere Umgebung: Im Park, in der Stadt, auf dem Land, in alten Häusern und Neubauten, in jeder Wohnung riecht es anders, so wie auch jeder Mensch, jedes Tier und jede Pflanze anders riecht.
- Wir basteln uns Zwergnasemasken.
- Wir spielen das Naseverzaubern als Schattentheater nach: Dazu basteln wir die Zauberin als Pappschattenfigur mit beweglichen Gliedern (Musterbeutelklammern). Dann projizieren wir unsere Kopfsilhouetten bis zum Brustansatz zweimal auf Fotokarton, schneiden sie aus und verlängern sie, zur Führung hinter der Schattenbühne, mit einem Stab. Dem zweiten Umriß fügen wir vor dem Ausschneiden noch einige Veränderungen hinzu, z.B. eine neue Haartracht, sowie Nase, Kinn usw., damit nach der erfolgten Verzauberung die normale Schattenpuppe gegen die verunstaltete ausgetauscht werden kann (Spielidee gesehen bei „Tage des Spiels", einer Veranstaltung der Pädagogischen Aktion e.V., München).
- Wir gehen auf den Markt (Gemüse, Kräuter, Geflügel . . .).

Spiele

Petersilie, Suppenkraut *Volkstümlich*

Die Kinder gehen singend im Kreis. In der Mitte steht der Bräutigam. Am Ende des Liedes geht Evchen zu ihm, und beide tanzen. Dazu klatschen die Kreiskinder und singen:

Oh, oh, oh, nun sind wir al-le froh! froh!

Fangspiel: „Schoten rupfen"
in: Meinolf Neuhäuser, Bunte Zaubernoten, M. Diesterweg Verlag, Frankfurt/M.
Kreisspiel: „Ein Bauer fuhr ins Heu"
in: Richard Rudolf Klein, Willkommen, lieber Tag, Band I, M. Diesterweg Verlag, Frankfurt/M.
Kreisspiel: „Ei, Bauer, was kost' dein Heu"

Lieder

Ein Reiflein zum Winden

Volkstümlich

1. Ein Reif-lein zum Win-den, ein Schnür-lein zum Bin-den, das muß es wohl sein, ___ sag ja o-der nein.

2. Ein Scherlein zum Schneiden,
ein Bändlein von Seiden,
das muß es wohl sein,
sag ja oder nein.

3. Und Rosen und Nelken,
noch ehe sie welken,
ja, das alles muß sein
für'n Kränzlein so fein.

4. Ein Körblein zum Tragen,
ein Jemand zum Fragen,
das muß es wohl sein,
sag ja oder nein.

Andere Lieder

„Wer kennt die Pflanze?"
in: Das große Guggenmos-Liederbuch, Georg Bitter Verlag, Österreichischer Bundesverlag u. a.
„Löwenzahn"
„Ein Männlein steht im Walde"
in: Richard Rudolf Klein, Willkommen, lieber Tag, Band I, M. Diesterweg Verlag, Frankfurt/M.
„Die fünf Kränze"
in: H. Mecke/H. Hildebrandt, Gesang und Klang im Kinderleben, C. C. Buchners Verlag, Bamberg 1935

Tänze

Grüne Petersilie

Aufstellung: Gasse, die so breit ist, daß zwei Kinder bequem hindurchtanzen können.

Ausführung: Bei „Tirallala" klatschen alle in die Hände, das letzte Paar der Gasse tanzt dabei im Polkaschritt hindurch und reiht sich vorne wieder ein. Das Lied wird so oft wiederholt, bis alle Paare hindurch sind.

(aus: Kinder, drehet euch im Kreise. Alte und neue Spiel- und Tanzlieder, gesammelt von Otto Richard, Verlag A. W. Zickfeldt, Osterwieck/Harz 1922)

Anderer Tanz

„Der Bauer fuhr ins Heu"
aus: Elga Vierlinger, So zum Tanze führ ich dich, V. Höfling Verlag, München 1949
„Das Kränzchen an der Linde"
aus: Kinder, drehet euch im Kreise, gesammelt von Otto Richard, Verlag A. W. Zickfeldt, Osterwieck/Harz 1922

Gedichte

Arm Kräutchen

Ein Sauerampfer auf dem Damm
stand zwischen Bahngeleisen,
machte vor jedem D-Zug stramm,
sah viele Menschen reisen

und stand verstaubt und schluckte Qualm
schwindsüchtig und verloren,
ein armes Kraut, ein schwacher Halm,
mit Augen, Herz und Ohren.

Sah Züge schwinden, Züge nahn.
Der arme Sauerampfer
sah Eisenbahn um Eisenbahn,
sah niemals einen Dampfer.

(aus: Joachim Ringelnatz, Das Gesamtwerk, Gedichte Bd. 2, © Henssel Verlag, Berlin)

Weitere Gedichte

„Was da weh und was da wund", von M. Garff
in: Rhythmen und Reime. Arbeitsmaterial aus Waldorfkindergärten, Verlag Freies Geistesleben, Stuttgart
„Kleines Lied vom Labekraut", von James Krüss
in: Wunder Welt. Lesewerk für die Grundschule in drei Teilen. Pädagogischer Verlag Schwann, Düsseldorf 1968
„Da war so ein kleiner Weberleinsbub"
„Sauerkraut und Till, Till, Till"
„Dreiblättrig Kraut"
„Guten Tag, Herr Gärtnersmann"
„Ich wünsch gute Nacht"
in: Ruth Dirx, Dirx-Kinderreime, Büchergilde Gutenberg, Frankfurt/M.
„Bauchweh, Bauchweh"
„Gewürzverse" (S. 147, 164, 215)

in: Faulbaum, Die klingende Kette, F. Ehrenwirth-Verlag, München
„Heuernte"
in: Bruno Horst Bull, Aus dem Kinderwunderland, Verlag Herder, Freiburg
„Keiner mag mich"
in: Fröhlich, Na hör mal?, O. Maier Verlag, Ravensburg
„Löwenzahnschmerzen"
in: Richard Bletschacher, Milchzahnlieder, Verlag Jugend und Volk, Wien

Erzählungen

„Die Wiesenprinzessin", von Wilhelm Curtmann
in: Mein Lesebuch für das zweite Schuljahr, Bayerischer Schulbuchverlag, München 1963
„Salz und Pfeffer", von Ernst Weber
„Der große Krautkopf", von Chr. von Schmid
in: Hans Brückl/Therese Kessinder, Frohe Fahrt durchs ganze Jahr, R. Knoblauch-Hüppe Verlag

Tradition und Brauchtum

Als die Gans Mimi und Zwerg Nase sich auf den Weg machten, um das Kräutlein Niesmitlust zu finden, stand der Neumond am Himmel, und es war wohl Johannisnacht, der 24. Juni. Denn in dieser Nacht und in der Morgenfrühe konnte man Zauberkräuter mit einer silbernen und einer goldenen Schere schneiden. Ihre besonderen Heilkräfte und der durch sie gewonnene Schutz vor Hexen, Unglück und Unwetter war allerorts bekannt. Ebenso wurde am Gründonnerstag aus Kräutern und Frühlingsblumen ein Kranz gewunden, der als besonders heilkräftig galt. Heute noch kocht manche traditionsbewußte Hausfrau in Bayern am Gründonnerstag eine Kräutlsuppe, die original aus sieben verschiedenen frischen Kräutern zubereitet wird. Erinnert sei auch nochmals an die Kräutersegnung am Frauentag (15. August).

Juli

Es kommt eine Zeit
mit Sonnenblumen
Da sagt die Sonne zu ihrer Blume
Fall herab

Die Leute sagen
Die Sonne geht auf
Die Sonne geht unter
Die Sonne ist rund
Die Sonne ist heiß
Und niemand weiß doch
wer ich bin

Die Blume fällt herab
und ruft
Ich bin die Sonnenblume

Und die Sonnenblume
läßt den Kopf hängen
Oben schwimmt die Sonne davon

Elisabeth Borchers

Das Juli-Märchen – aus der Sammlung der Brüder Grimm:

Aschenputtel

Zur Deutung

Das Märchen „Aschenputtel" erzählt, wie ein Kind seine ursprüngliche Geborgenheit, die Liebe und sein Ansehen verliert und statt dessen sich Erniedrigungen ausgesetzt sieht, die letztlich aber wieder hinführen zu hohem Ansehen und vollendetem Glück. Dies entspricht ganz den Erlebniserfahrungen des Kindes, das ursprünglich die Liebe und volle Zuwendung der Eltern erfährt, später aber – z. B. aufgrund von Geschwisterrivalitäten und ödipalen Konflikten – sich dieser absoluten Anerkennung nicht mehr sicher ist. Erst nach Lösung dieser Spannungen kann es wieder seine sichere Stelle einnehmen und glückliche Beziehungen eingehen.
In diesem Zusammenhang läßt sich auch das Leben in der Asche deuten: „In der Asche leben müssen" symbolisiert vor allem das Zurückstehen hinter den eigenen Geschwistern, wobei das Mädchen die gleichgeschlechtlichen Geschwister mit der Mutter zusammen zusätzlich als Rivalinnen um den Vater erlebt.
Das Leben in der Asche kann auch den erneuten Beziehungsversuch des Kindes zur Mutter andeuten, den es immer wieder unternimmt, da die dem Vater entgegengebrachten geheimen Wünsche nicht erfüllt werden. Diese Enttäuschung veranlaßt es, sich wieder auf die alles spendende Mutter zurückzuziehen. Doch es erlebt wiederum einen Fehlschlag, da nun auch die Mutter Anforderungen stellt. Den Verlust seiner ehemals guten, „wärmespendenden" Mutter empfindet das Kind als sehr schmerzhaft, was sich im Bestreuen mit Asche und im Verkriechen hinter dem Ofen durchaus darstellen läßt. Erst wenn es die Enttäuschungen über Vater und Mutter aus eigener Kraft überwindet und sich einem geeigneten, konfliktfreien Ziel seiner Liebe zuwendet, kann es ein glückliches Leben führen.
Zum anderen entspricht das Bild vom Leben in der Asche auch den unbewußten Wünschen des Kindes, schuldfrei in Schmutz und Asche stöbern zu dürfen. Doch das Dreckigsein löst im Hinblick auf unsere Sauberkeitserziehung immer Gefühle der Wertlosigkeit aus. Aschenputtel aber wird ja von der Stiefmutter und den Stiefschwestern dorthin verbannt. Da es sich diesen Umständen nicht widersetzt, müssen wir annehmen, daß es selbst diesen Ort für angemessen hält. Um das zu verstehen, müssen wir uns mit den ödipalen Konflikten, in denen das Kind steckt, ein wenig auseinandersetzen. Während es sich verstärkt dem Vater zuwendet, erlebt es die Mutter als Rivalin, deren es sich am liebsten entledigen würde. Dieser Wunsch verursacht jedoch große Schuldgefühle. Obendrein wächst die Eifersucht auf die Geschwister, besonders auf die gleichgeschlechtlichen. Das eigene schlechte Gewissen, aufgrund der „schmutzigen und bösen" Gedanken, verunsichert das Kind und läßt es glauben, selbst unliebenswert zu sein, was ihm seine Geschwister wohl voraushaben, da sie nicht solche schlechten Wünsche zu hegen scheinen. Deshalb fühlt das Kind, es sei mit Recht von der Mutter in die Asche verstoßen, und läßt sich alle „Schikanen" gefallen. Die Bosheiten der Stiefschwestern werden am Ende bestraft; ihr Verhalten ist Falschheit und Heuchelei. In der Identifikation mit Aschenputtel weiß das Kind nun ganz gewiß, daß es nur so lange in der Asche leben muß, bis alle erkannt haben, wer wirklich besser ist, nämlich es selbst. Aschenputtels Unschuld ist allen sichtbar, und wie Aschenputtel wird das Kind aus eigener Kraft in Glanz und Schönheit dastehen. Doch es wird sich auch eingestehen, daß alle Schikanen, die es unter Umständen von der Mutter und seinen Geschwistern zu erdulden glaubt, nichts sind gegen das, was Aschenputtel erleiden muß, so daß es sein eigenes Los leichter nehmen kann als bisher.
Das Märchen „Aschenputtel" bezieht sich nicht nur auf die unmittelbare Entwicklungsproblematik des Kindes, sondern beschreibt mit seinem Symbolgehalt auch all-

gemeingültige Lebenserfahrungen, auf deren Deutungsmöglichkeiten hier noch einmal kurz eingegangen werden soll:

Im Märchen „Aschenputtel" erleben wir zwei gegensätzliche Mütter. Einmal die gute, alles spendende Mutter, die Urerde, deren Wirken sich im Haselbäumchen weiter vergegenwärtigt. Und zum anderen die Stiefmutter, deren allzu egoistische Erdverhaftung Machtsucht, Hochmut und unkontrollierte Begierde demonstriert. Während die Stieftöchter in völliger Identifikation mit der bösen Stiefmutter blind für die reinen Werte des Lebens werden, findet Aschenputtel durch ihr Dienen am Ganzen Zugang zu den Tauben, den lauteren Wahrheitsimpulsen des Geistes, die ihm helfen, Gutes vom Schlechten zu trennen, und am Ende die Verblendung der beiden Stiefschwestern über die Weltordnung offenbaren, indem sie ihnen die Augen auspicken.

Der Vater, ein Kaufmann, der zur Messe reitet und sowohl die anspruchsvollen Wünsche der Stieftöchter wie den scheinbar bescheidenen Wunsch der eigenen Tochter zu erfüllen sucht, scheint hier für die genüßlich gewordene Aktivitätsnatur zu stehen. Aschenputtel, die Seele, veranlaßt ihn, sich wieder der geistigen Lichtsphäre, dem Himmel, zuzuwenden, um ihr das erste Reis zu bringen, das an seinen Hut stößt. Sie pflanzt dieses Haselnußreis in das Erdreich der toten Mutter, der Urerde. Aus dem Haselbaum, der von jeher wegen seines Kerns in harter Schale als das Symbol fruchtbaren Lebensfortgangs galt, erwächst Aschenputtel der Lebensbaum. Aschenputtels Leben in der Asche wird zur fruchtbaren Erneuerung ihres Lebensfortgangs. Nicht im eitlen Schmücken und in der Herrschsüchtigkeit der Stiefschwestern, die sich völlig „veräußern", findet man die segensreiche Beziehung zur Erde, sondern in der Seelenhaltung des Mitleids und der Dienstbereitschaft am Ganzen, die zur Verinnerlichung guter Werte führt. Nun ist Aschenputtel bereit, aus der Asche hervorzugehen und vom Lebensbaum das Kleid aus Gold und Silber zu empfangen, um darin auf dem Ball mit dem Prinzen zu tanzen. Der Kleidertausch deutet wohl das Austauschen des inneren Ichs an. Doch Aschenputtel kehrt immer wieder zurück an ihren Platz in der Asche hinter dem Herd. Der Prinz, die Lichtwelt des Geistes, muß Aschenputtel, die Seele, erst gewinnen. Zweimal entspringt sie ihm und versteckt sich einmal im Taubenhaus und einmal im Birnbaum. Wiederum handelt es sich um Symbole des Geistes und der vitalen Lebenskraft, der Fruchtbarkeit, in die Aschenputtel Zugang gefunden hat. Der Vater, die Aktivitätsnatur, ahnt, daß Aschenputtel, die Seele, darin steckt, aber er kann es nicht mit Gewalt hervorholen. Erst mit der List des Geistes gelingt es, daß Aschenputtels goldener Schuh haften bleibt. Er dient dem Prinzen auf der Suche nach Aschenputtel als Hilfe, um die Vereinigung mit der wahren Seele zu erlangen. Diesmal tritt sie ihm nicht in schönen Gewändern entgegen, sondern in ihren Lumpen, nur Gesicht und Hände im Wasser gereinigt. Sie schlüpft vor ihm mit ihrem Fuß in den Schuh, der wie angegossen sitzt. Da erkennt er in ihr die wahre Gemahlin.

Die Symbole – Kopf, Hand, Fuß – erläutern uns noch einmal in der Schlußszene den gesamten Inhalt des Märchens: Der Kopf als Raum von Denken und Sehen verknüpft und beurteilt die Dinge der Welt. Die Hände als Werkzeuge des Menschen handeln und greifen in die Geschehnisse von Natur und Umwelt aktiv ein. Die Füße, als Standflächen des Menschen auf der Erde, messen Erdenmacht aus. Im Gegensatz zu Aschenputtels zierlichem Fuß, der im Schuh seinen angemessenen Raum findet, haben die großen Füße der Stiefschwestern keinen Platz darin. Aschenputtel, die Seele, wird in der Vereinigung mit dem Prinzen, der Lichtwelt des Geistes, Königin, also die Verwalterin der Erde, während die Stiefschwestern, die bösen Impulse im Menschen, als Opfer ihrer eigenen Machtsucht zerstört werden.

Gestaltung

Material
Ein in ein blaues Tuch gewickelter Naturschwamm, eine Schüssel mit Wasser und eine mit Asche, Wannen und Kellen (Schöpfer), Schwämme und Seifen.

Vorbereitung
Die Kinder tragen Badesachen. Die Einheit eignet sich fürs Freie an einem heißen Tag.

Durchführung

Alle sitzen mit geschlossenen Augen in der Wiese, bis die Erzieherin einen in ein blaues Tuch gewickelten Naturschwamm in die Mitte gelegt hat.

„Was könnte darin sein?"

Die Kinder betrachten das Päckchen und geben es zum Befühlen im Kreis weiter.

Es ist weich. Es ist nicht schwer. Es ist rund oder eckig. Man kann es knautschen usw.

Nachdem sie einige Male geraten haben, decken sie es gemeinsam auf und probieren den Schwamm aus:
- Wie schaut er aus?
- Wie fühlt er sich an?
- Wie riecht er?
- Wie fühlt sich ein trockener und ein nasser Schwamm auf der Haut an?
- Wir tauchen den Schwamm in eine Schale mit Wasser ein. Schwimmt er?
- Der Schwamm saugt sich mit Wasser voll. Wir streichen mit dem nassen Schwamm über die Haut. Wir klatschen den vollgesaugten Schwamm auf den Körper, drücken das Wasser aus und genießen die Feuchtigkeit.

Die Erzieherin fragt: „Wo kommt der Schwamm her?" „Wozu braucht man Schwämme?"

Nachdem die Kinder sich geäußert haben, könnte die Erzieherin erzählen: Früher war der Schwamm zum Waschen sehr wichtig. Denn es gab kein fließendes und warmes Wasser. So mußten die Leute erst Wasser in großen Kesseln über dem Feuer erwärmen und mit Kellen in Wannen mit kaltem Wasser mischen. Das war natürlich eine große und langwierige Arbeit. Der Körper wurde mit dem feuchten Schwamm abgerieben, eingeseift und „geschrubbt". Dann wurde Wasser über den Kopf geschüttet und die Seife mit dem vollgesaugten Schwamm abgespült. Schließlich war der trockene Schwamm zum Trockenreiben auch sehr nützlich. So konnte man sich gründlich und schnell waschen, ohne allzuviel Wasser zu verbrauchen.

Die Erzieherin bringt eine zugedeckte Schüssel mit Asche in den Kreis. Sie geht von Kind zu Kind. Jedes fühlt mit der Hand unter das Tuch und versucht den Inhalt zu ertasten. Am Ende sind die Hände der Kinder eingerußt.

Ein spontanes Spiel beginnt: sich gegenseitig anschwärzen. Dazu drücken die Kinder einander die Rußhände auf den Körper auf. Sie können sich immer wieder Asche aus der Schale holen, sollen sie aber nicht auf Wunden oder andere empfindliche Stellen bringen. Wenn die Asche aufgebraucht ist, kommen alle in den Kreis zurück. Jedes Kind zeigt sich und teilt mit, wie es ihm dabei ergangen ist. „Was fällt euch bei dem Wort Asche alles ein?" – Kaminkehrer, Aschenputtel, Aschermittwoch, Trauer, Tod, Verbrennung, Schmutz usw. (Die Indianer rußen sich ihr Gesicht ein, wenn sie traurig sind und nicht angesprochen werden wollen.)

Nun beginnt die Erzieherin mit der Märchenerzählung: Das Märchen, das ich euch heute erzählen will, handelt von einem Kind, das in der Asche lebte, nämlich von Aschenputtel: „Einem reichen Mann wurde seine Frau krank, und als sie fühlte, daß ihr Ende herankam, rief sie ihr einziges Töchterlein zu sich ans Bett und sprach: ‚Liebes Kind, bleib fromm und gut, so wird dir der liebe Gott immer beistehen, und ich will vom Himmel auf dich herabblicken und ich will um dich sein.' Darauf tat sie die Augen zu und verschied . . ."

Am Ende des Märchens wird aus dem Aschenputtel eine schöne, glückliche Königin, die nicht mehr hinter dem Ofen in der Asche liegt. Die Kinder waschen sich gegenseitig in den Wannen mit Schöpfern, Schwämmen und Seife, ganz wie zu alten Zeiten. Ein herrlicher Spaß für die Kinder!

Anregungen zum Gespräch

– Wie fühlt sich Aschenputtel nach dem Tod ihrer guten Mutter und vor allem, als die Stiefmutter mit ihren Töchtern ins Haus kommt? Die Kinder drücken die Gefühle von Aschenputtel in Worten aus. Hast du dich auch schon einmal von aller Welt verlassen und zurückgestoßen gefühlt?
– Tiere und Pflanzen als Helfer des Menschen. In ihrer ausweglos scheinenden Situation stehen ihr die Tauben und das Bäumchen bei. Die Kinder erzählen von ihren Freunden, den Tieren. Vielleicht hat ein Kind zu Hause ein Beet angelegt.
– Ausweglos scheinende Situationen, wie sie Aschenputtel u. a. beim Linsenlesen erlebt, kennen wir alle. Die Kinder schildern sie und erzählen, wie sie sie gelöst haben, falls sie eine Lösung fanden (z.B. sich verlaufen, ein Verlust, einen Fehler eingestehen und ihn wiedergutmachen usw.). Wer hat dir dabei geholfen, oder hast du es allein geschafft?
– Grob und Fein. Jedes Kind bringt einen feinen und einen groben geformten Gegenstand mit, z.B. einen Bauklotz und einen Ring. Die Erzieherin stellt zu den mitgebrachten Gegensatzpaaren ein Paar Holzpantoffeln und ein Paar Samtpantoffeln. Aschenputtel tauschte die hölzernen Schuhe gegen mit Silber, Gold und Seide ausgestickte Pantoffeln. Wir können etwas grob und feinfühlig anfassen (angehen). Wir können laut poltern und leicht wie eine Feder tanzen. Was bedeutet – auf einen Menschen bezogen – der Ausdruck „grober Klotz" und „zarte Blume"?
– Was heißt „sich mit fremden Federn schmücken"? Die Kinder denken über die Bedeutung nach und nennen Beispiele. Wir spielen dazu das Spiel „Wem gehört was?": Ein Kind schaut sich jedes Kind der Gruppe aufmerksam an,

dann verläßt es den Raum. Alle Kinder tauschen untereinander etwas aus, z. B. zieht Anna den Pullover von Iris an. Julia hängt sich Annas Kette um usw. Nun betritt das Kind wieder den Raum und versucht die Dinge zu richten. Wer kann alles in möglichst kurzer Zeit richtigstellen?
- Was bedeutet der Ausdruck „blindes Huhn"? Die Kinder erklären sich den Ausdruck und erfahren, daß es die körperliche Blindheit wie auch die gefühls- und geistbezogene Blindheit gibt, die das Verständnis für die Umwelt erschwert. Manchmal wollen wir etwas nicht sehen. Manchmal können wir nicht, weil es in „unserer Welt" scheinbar fehlt oder wir etwas falsch (einseitig) betrachten. Die Stiefschwestern interessieren sich nur für äußerliche Dinge und können den anderen nicht verstehen, dessen innere Werte nicht erkennen.

Ideen

Aschenputtel trauert am Grab ihrer Mutter
Die Erzieherin breitet ein braunes, rechteckiges Tuch in der Kreismitte aus. Die Kinder äußern ihre Assoziationen dazu. Nun legt die Erzieherin ein einfaches Holzkreuz oben an die Schmalseite des Tuches und erinnert an die Stelle im Märchen: „... Das Mädchen aber ging jeden Tag hinaus zu dem Grab seiner Mutter und weinte und blieb fromm und gut. Als der Winter kam, deckte der Schnee ein weißes Tüchlein auf das Grab (die Erzieherin deckt ein weißes Tuch über das braune), und als die Sonne im Frühjahr (evtl. Fingercymbeln anschlagen) es wieder herabgezogen hatte (weißes Tuch entfernen), nahm sich der Mann eine andere Frau..."
Eine andere Frau tritt an die Stelle der guten Mutter, aber Aschenputtel vergißt seine gute Mutter nicht.
„Bist du selbst einmal an einem Grab gestanden? Kanntest du den verstorbenen Menschen?" Die Kinder erzählen von ihrer Erfahrung. Wir pflanzen Blumen auf das Grab, um die Erinnerung an den Verstorbenen wachzuhalten. Wir pflegen und schmücken das Grab. Es gibt den Hinterbliebenen Trost, weil dadurch der Tote nicht völlig von uns geschieden ist.
Die Erzieherin regt die Kinder an, in der Stille und Gemeinschaft an einen ihnen lieben Verstorbenen zu denken. Sie stellt eine Vase mit Blumen in den Kreis. Wer möchte, nimmt eine Blume heraus und legt sie auf das symbolische Grab, während er mit eigenen Worten sich dazu äußert, z. B.: „Ich bringe dir, liebe(r)..., eine Blume als Zeichen, daß ich an dich denke."

- Wir hantieren in der Küche und führen Hausarbeiten durch, z. B. kehren, Staub wischen und saugen, Abfalleimer entleeren, aufräumen usw. Wir helfen auch zu Hause mit. Welche Arbeiten machst du zu Hause?
- Wir formen einen Aschenbecher aus Ton.
- Wir unterhalten uns mit dem Schornsteinfeger über seine Arbeit.
- Wir pflanzen ein Haselnußbäumchen.
- Wir stecken aus verschiedenen grünen Zweigen einen Buschen und schmücken ihn mit bunten Bändern und Schleifen.
- Wir malen unseren Lebensbaum. Wir gestalten ihn aus Pappmaché.
- Wir klettern auf einen Baum. Es ist gar nicht so leicht, auf einen Baum zu klettern und wieder herabzuspringen. (Aschenputtel versteckte sich im Birnbaum.)
- Wir nähen ein Leinensackkleid aus Kartoffelsäcken und schmücken ein weißes Kleid mit Gold- und Silberbändern, Paletten, Perlen, schönen Knöpfen usw. (Wir nähen Puppenkleider.)

- Wir sticken mit Gold- und Silberfäden.
- Wir basteln eine Papierkleiderpuppe. Unser Papieraschenputtel bekommt von uns viele schöne Kleider.

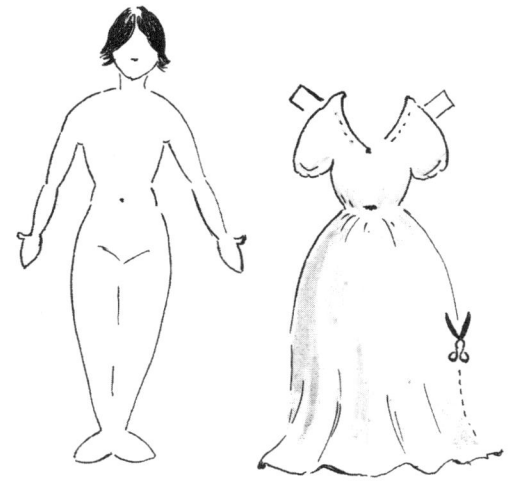

am letzten Paar Schuhe teilzuhaben. Der Spielablauf kann durch beschleunigtes Liedtempo gesteigert werden.
- Wir spielen Gestenspiele: Die Kinder stehen mit geschlossenen Augen im Kreis: „Stell dir vor, du wärest Aschenputtel in dem schmutzigen Kittel. Überall an dir hängt die Asche." Die Kinder öffnen die Augen und stellen das gesprochene Wort pantomimisch dar. Wir schütteln und bürsten uns. Wir streifen den Dreck und Staub ab (Arme, Hände, Kopf und Beine ausschütteln, sich abstreifen und abklopfen). Wir ziehen den alten, schmutzigen Kittel aus. Wir waschen uns, cremen uns ein, kämmen uns usw. Wir ziehen schöne Kleider an und tanzen vor Freude im Kreis.
- Wir füttern die Tauben und besuchen einen Taubenschlag. Was sind Brieftauben? Ein Taubenzüchter erklärt es uns.
- Wir kleben eine weiße Taube aus weißen Federn (evtl. Federn aus weißem Papier schneiden).
- Wir bauen ein Vogel- oder Taubenhaus.
- Wir falten ein Täubchen.

- Wir tragen heute unsere Lieblingsschuhe. – Dazu ein Schuhspiel:
Alle Kinder sitzen im Kreis, in beiden Händen je einen Schuh haltend. Im Rhythmus eines gesungenen Liedes, z. B.: „Ein Männlein steht im Walde", geben alle Kinder ihr Paar Schuhe, auf den Boden klopfend, an den rechten Nachbarn weiter und empfangen gleichzeitig das Paar vom linken Nachbarn. So geht es die Runde, bis der Spielleiter das Lied abbricht. Jedes Kind muß nun ein Paar Schuhe in Händen halten. Alle gerade „kinderlosen" Schuhe werden aus dem Spiel entfernt. Schließlich versuchen, nach einigen solchen Ausscheidungsspielen, alle noch

- Wir sortieren: z. B. Spielsachen in unseren Spielkasten und Schubladen. Knöpfe, Perlen in verschiedenen Gefäßen, z. B. Körben, Schüsseln, Kisten usw.
- Wir lesen Linsen aus und kochen gemeinsam eine Linsensuppe.

- Wir suchen die Treppe zu Aschenputtels Ballschloß: Lange und breite Treppen vor einem Schloß, einer Kirche oder einem alten Bürgerhaus üben einen Reiz auf Kinder aus: Wir zählen die Stufen und hüpfen vorsichtig die Treppen hinab.
- Wir laden zum Ball ein. Alle Kinder schmücken und kleiden (verkleiden) sich schön. Wir tanzen verschiedene Kindertänze.

- *Spiele zum Thema Wiedererkennen*
  Die Schuhprobe: Alle Kinder werfen ihre Schuhe auf einen Haufen. Ein Kind zieht den Kindern die Schuhe wieder an. Hat jedes sein eigenes Paar Schuhe wieder? Variante: Das Kind hat während der Schuhprobe die Augen verbunden.
  In der Mitte liegen viele verschiedene Glasmurmeln. Jedes Kind nimmt sich eine heraus und betrachtet sie aufmerksam. Nun legen sie alle wieder zurück, und die Erzieherin mischt sie unter einem Tuch. Wer findet seine Murmel?
  „Walnuß schließen" (gerade Mitspielerzahl nötig). Jedes Kind bekommt eine Walnußschalenhälfte und spaziert mit ihr in der Hand durch den Raum. Auf ein Zeichen hin sucht jedes Kind das passende Gegenstück zu seiner Walnußschale. Haben sich die Kinder gefunden, dann tanzen beide eine Runde im Kreis zur Musik. Statt der Walnuß eignen sich auch Memorykärtchen.
  Das Konzentrationsspiel „Schau genau". Das Kind vergleicht zwei scheinbar gleiche Bilder. Wo liegen aber die feinen Unterschiede (Original und Fälschung)?
  Variante: Es liegt eine Bildtafel mit kleinen nur leicht unterschiedlichen Bildern vor, denen die passenden Kärtchen zugeordnet werden sollen.

- *Spiele zum Thema: „Zuviel ist zuviel"*
  Mehlschneiden: Alle Kinder bekommen einen kleinen, teilbaren Schatz, z.B. zehn Schokoladengoldtaler, zehn Schokolinsen usw. Auf einem Teller wurde ein Haufen Mehl aufgetürmt und mit einem Streichholz, das aufrecht in der Spitze steckt, gekrönt. Nun trennt Kind für Kind im Kreis mit dem Messer ein Stückchen Mehl ab und schiebt es zur Seite. Fällt bei einem Kind das Streichholz um, so muß es etwas von seinem Schatz in den Gemeinschaftstopf geben (statt Mehl auch Kartenhaus, Streichholzturm usw.).

- *Wir spielen Blindenspiele*
  Blinde Kuh.
  Wachhund: Ein Kind sitzt mit am Rücken verkreuzten Armen und verbundenen Augen hinter einem Schlüsselbund, den die übrigen Mitspieler durch geschicktes Anschleichen zu stehlen versuchen. Bemerkt das blinde Kind, aus welcher Richtung der Dieb kommt, dann deutet es in die entsprechende Richtung, und ein anderes Kind versucht von neuem sein Glück. Der Schlüsseleroberer tauscht mit dem blinden Wachhund die Rolle.
- Wir basteln eine Krone und spielen das Tanzspiel „Heute ist im Schloß ein großer Ball" (S. 84).

Spiele

Viele geeignete Spiele, Gedichte, Erzählungen etc., speziell zum Thema Dreck und Waschen, finden sich in Wolfgang Löscher (Hrsg.), Sand und Wasser. Spiele – Geschichten – Reime – Bilder, Don Bosco Verlag, München 1984[2].

Schornsteinfeger ging spaziern *Volkstümlich*

1. Schornsteinfeger ging spaziern, Schornsteinfeger ging spaziern, ging spaziern, ging spaziern, Schornsteinfeger ging spaziern.

2. Kam er an ein schönes Haus . . .
3. Guckt ein schönes Mädchen raus . . .
4. Mädchen, willst du mit mir gehn . . . ?
5. Muß ich erst die Mutter fragen . . .
6. Mutter, darf ich mit ihm gehn . . . ?
7. Mußt du erst den Vater fragen . . .
8. Vater, darf ich mit ihm gehn . . . ?
9. Nein, mein Kind, das darfst du nicht . . .
10. Lief es schnell zum Tor hinaus . . .
11. Schornsteinfeger hintendrein . . .
12. Vater, Mutter hinterher . . .
13. Ebenso der Teddybär . . .
14. Und das Lieschen ebenso . . .
    (Alles, was die Kinder nennen)
15. Reisten nach Amerika . . .
16. Wurden gar ein glücklich Paar . . .

Die Kinder bilden einen Stuhlkreis. Schornsteinfeger, Mädchen, Mutter und Vater werden als Rollen verteilt. Zwei Kinder bilden ein Haus, aus dem das Mädchen herausschaut. Der Schornsteinfeger spaziert um das Haus, während alle die Strophen singen. Bei den Strophen 4–9 singen die Darsteller. Das Kreissingspiel wird dem Text gemäß gesungen und gespielt. Ab der 12. Strophe bilden die Kinder eine im Kreis laufende Kette.

Frischrasur

Zwei Kinder sitzen sich gegenüber, mit einer Handvoll Rasierschaum und einem Holzplättchen „bewaffnet". Auf los geht's los! Denn nun seifen sie einander das Gesicht ein und beginnen mit der Partnerrasur, indem jeder seinem Gegenüber mit dem Holzstäbchen den Schaum wieder aus dem Gesicht schabt. Welches Paar ist am saubersten und schnellsten rasiert?

Die Pinselparty

Je zwei Kinder in Badekleidung stehen sich mit langen Malerpinseln und Farbtöpfen (z. B. mit Wasser vermengte Fingerfarbe) im Freien gegenüber. Einer versucht den anderen zu treffen, ohne selbst einen Farbklecks zu erwischen. Gewonnen hat der Spieler, dessen Gegenüber die meisten Farbtreffer aufweist. Vorher sollte klar sein, daß der Kopf von dieser Malaktion verschont bleibt. Die Kampfspuren werden zum Schluß einfach abgewaschen.

Es kamen zwei Pantoffeln an *Mündlich überliefert*

1. Es kamen zwei Pantoffel an, ade, ade, ade.
2. Was soll man mit Pantoffeln an?
3. Ist euer Vater nicht zu Haus?
4. Was soll mein Vater denn zu Haus?
5. Er soll uns mal ein Brieflein schreiben.
6. Was soll denn in dem Brieflein stehn?
7. Daß . . . die Braut soll sein.
8. Und wer soll denn der Bräutigam sein?
9. Das soll . . . sein.

10. Schen-ket ein ein Glas Wein! Mor-gen soll die Hoch-zeit sein.

Die Kinder stellen sich in zwei Reihen einander gegenüber auf, und zwar so, daß auf der einen Seite nur zwei, die beiden Pantoffeln, stehen. Dann gehen sie singend strophenweise vor und zurück. Bei der 7. und 9. Strophe werden zwei vor Beginn des Spieles heimlich erwählte Kinder genannt. Zur Schlußstrophe fassen sich alle zum Kreise an und hüpfen herum. Bei der Wiederholung müssen dann die beiden Gerufenen auf die Seite der Pantoffeln treten.

Andere Spiele
„Königin geht auf Reisen", österr. Singspiel
in: Hans Baumann/B. Oberdieck, Leselöwen-Spiellieder, Loewes Verlag, Bayreuth

Lieder

Aschenputtel
Volksweise

1. A-schen-put-tel, das weinte, und war ganz allein,
   da flogen zum Fenster die Täubchen herein.
   Tauben: Ru-ku-ru-ku, ru-ku-ru-ku, warum weinest denn du?

2. „Ach, helft ihr Täubchen, bei der Arbeit geschwind,
   denn ich kann's nicht alleine", so bittet das Kind.

3. „Die Guten ins Töpfchen da sammelt hinein,
   die Schlechten ins Kröpfchen, die soll'n eure sein."
   Tauben: |: „Pick, pick, pick, pick, pick, pick, pick, pick, immer schnell mit Geschick." :|

4. „Habet Dank, liebe Täubchen, so flieget nun heim,
   die Arbeit ist fertig, ihr könnt fröhlich jetzt sein!"
   Tauben: |: „Rukuruku, rukuruku, wir fliegen zur Ruh'." :|

Weitere Lieder

„Aschenbrödel", von H. Bodenstedt/E. Bender
in: Erich Bender/Franz-J. Breuer, Wir Kinder singen. Neue Kinderlieder, Papageno-Verlag, Hamburg
„Ruckedigu, ruckedigu"
in: Hans W. Köneke, Das darstellende Spiel, Verlag Schott's Söhne, Mainz
„Hallo, wer kommt denn da hervor?"
in: Meinolf Neuhäuser, Bunte Zaubernoten, M. Diesterweg Verlag, Frankfurt/M.
„Warte auf einen König"
in: Faulbaum, Die klingende Kette, F. Ehrenwirth-Verlag, München
„Peter und Ayslie"
in: Hoffmann, Wenn der Elefant in die Disco geht, O. Maier Verlag, Ravensburg

Tänze

Aschenbrödel

1. Heute ist im Schloß ein großer Ball, eingeladen sind die Mädchen all. „Ach du liebe Mutter, ach ich bitt', nimm doch Aschenbrödel auch mal mit!"

2. „Aschenbrödel, nein, du bleibst zu Haus, diese Schüssel Linsen liest du aus!"
„Ach, ihr zahmen Täubchen, helft mir fein, liebe Mutter, alle sind schon rein!"

3. „Gib die Linsen her, – zu Haus bleibst du, hast ja keine Kleider, keine Schuh."
„Liebes Bäumchen, rüttle, schüttle dich, wirf ein goldnes Kleidchen über mich!"

4. Aschenbrödel ging zum Königsball, war die Schönste von den Mädchen all, tanzte mit dem Prinzen immerzu, und verlor ihr 'n kleinen gold'nen Schuh.

5. Und der schöne Prinz, der rief es laut, wem der Schuh gehört, ist meine Braut. Allen Mädchen war der Schuh zu klein, Aschenbrödel paßt er ganz allein.

6. Glücklich war es mit dem Prinzen nun, brauchte in der Küche nichts mehr zu tun. Bald wird nun im Schloß die Hochzeit sein, kommt und stellt euch alle dazu ein.

In einem weiten geschlossenen Kreis gehen wir immer zu den ersten beiden Versen einer Strophe rechts, zu den andern beiden links herum. Das

Aschenbrödel sitzt traurig in der Mitte und spielt das, was es singt. Die Mutter ist mit im Kreis und geht, jedesmal wenn sie zum Singen daran kommt, recht böse auf Aschenbrödel zu, doch die anderen lassen ihre Hände nicht los und ziehen sie wieder zurück. Nach der dritten Strophe löst sich ein Bäumchen aus dem Kreis und rüttelt und schüttelt sich so lange, bis das arme Aschenbrödel seine Kleider hat. Dann geht es wieder zurück. Während der 4. Strophe geht Aschenbrödel froh und lustig am Kreis entlang und sucht sich einen Prinzen aus, mit dem es fröhlich tanzt. Doch plötzlich verliert es seinen Schuh und kommt außerhalb des Kreises. Der Prinz geht suchend mit dem Schuh am Kreis entlang, doch niemand will er passen, bis Aschenbrödel wieder hereinkommt. Nun tanzen beide aus dem Kreis heraus, und in der 6. Strophe folgen ihnen alle paarweise im Festzug.

(aus: Caroline Creutzer, Kinder, tanzt und spielt mit mir; Buchner Theater Verlag, Krailling vor München)

Weitere Tänze

„Es wollt' ein Mädel zum Tanze gehn"
z. B. aus: Erich Stockmann, „Des Knaben Wunderhorn" in den Weisen seiner Zeit, Akademie-Verlag, Berlin 1958 (Bd. 16)
„Didel dadel du"
in: Singen und Spielen. Musizierbuch für die Grundschule, Bayer. Schulbuch-Verlag, München/B. Schott's Söhne, Mainz 1977

Gedichte

Die Sudelhexe
Die dürre Hexe Plitsch-platsch-plum
steigt in dem ärgsten Dreck herum.
Am liebsten geht sie nach dem Regen
auf durchgeweichten Modderwegen.
Und wenn der Dreck so richtig spritzt,
freut sich die Hexe. Und sie flitzt
durch Pfützen, Moor und fetten Matsch.
durch Wasser, Schlamm und Gillegatsch.
Der Dreck spritzt ihr auf Strumpf und Kleid.
Ach, wie sich da die Hexe freut:
platsch-plum, platsch-plum, platsch-plum!

(Bruno Horst Bull in: Wolfgang Löscher (Hrsg.), Sand und Wasser. Spiele – Geschichten – Reime – Bilder, Don Bosco Verlag, München 1984²)

Sprechreim: Dreck, Dreck, Dreck
1. Dreck, Dreck, Dreck –
   geht immer wieder weg.
2. Klettern, raufen, buddeln, wühlen,
   klecksen und mit Pampe spielen.
3. Dreck, Dreck, Dreck –
   geht immer wieder weg.

(Verfasser unbekannt, wahrscheinlich Produkt einer Erzieherinnenfortbildung)

Weitere Gedichte

„Es war einmal ein Mann"
„Schornsteinfeger"
in: Jutta Kiesgen, Was wollen wir machen? Kopfstehen und Lachen! O. Maier Verlag, Ravensburg

„Sommerstrümpfe", von Rosemarie Neie
in: Liselotte Musil, Es war so lange Tag..., Verlag L. Auer, Donauwörth
„Ein Schwamm-Rätsel"
in: Rolf Krenzer, Spiel und Beschäftigung im Kleinkind- und Vorschulalter, Kemper-Verlag, Heidelberg

Tradition und Brauchtum

Aschenputtel lebt nach dem Tod ihrer Mutter in der Asche, um am Ende selbst Königin zu sein. Mit dieser Tatsache beschreibt das Märchen auf einfühlsame Weise den Weg eines Menschen vom Kind bis hin zum Erwachsenen. Die dazu gewählten Assoziationen von Asche und grünen Reisern sind zum Teil noch heute im Volkstum lebendig. Der Begriff Asche ist vor allem so passend, da er schon zu uralten Zeiten als segensreich galt. Auch im christlichen Glauben ist die Asche gleichzeitig segenbringend und Symbol unserer Vergänglichkeit (Aschermittwoch).
Früher wurde auch Asche vom Fastnachtsfeuer (Winterverbrennung) über die Felder zerstreut. Dadurch sollten die alten Lebenskräfte zurückgeführt werden, um die neuen zu wecken und zu stärken.
Aber nicht allein das Leben in der Asche verhalf Aschenputtel zu seinem Glück. Das erste Reis, das dem Vater auf dem Heimweg an den Hut stieß und das Aschenputtel auf das Grab ihrer Mutter pflanzte, ermöglichte ihr die wunderbare „Verwandlung", um dem Prinzen gegenübertreten zu können. Dazu sei der Brauch erwähnt, den die Kinder früher ausführten, indem sie am Aschermittwoch mit bändergeschmückten, grünen Reisern zu den Großeltern, Eltern, Paten und Nachbarn liefen und „Segenssstreiche" damit austeilten, um dann als Lohn Faschingskrapfen oder Brezeln dafür zu bekommen.

August

Es kommt eine Zeit
da wachsen die Bäume
in den Himmel
Die Blumen wollen so groß sein
wie Bäume
Der Himmel
hoch oben
hat Wolken

Es kommt eine Zeit
da gehen rote Pilze
durch den Wald
und schwarzgelackte Käfer

Da ist die Sonne so heiß
daß man sie nicht anfassen kann

Da wächst es rot an den Sträuchern
und blau an den Gräsern
Das sind die Tage der Beeren

Elisabeth Borchers

Das August-Märchen – von Hans Christian Andersen:

Die kleine Seejungfrau

Zur Deutung

Eine Fülle meist religiöser Symbolik vermittelt uns Andersens Glaube an die unsterbliche Seele und Gottesgegenwart.

Die Sehnsucht der kleinen Seejungfrau, ein menschliches Wesen zu werden, könnte als das Streben nach akzeptabler Aufnahme in die Gesellschaft empfunden werden. Der Weg dazu führt durch die drei Elemente Wasser, Erde und Luft, die den Lebensraum des Menschen verkörpern.

Als Nixe versinnbildlicht sie die tierische Wesensart, also den Instinkt, der im Unterbewußten (Meer) zu Hause ist. Da die kleine Seejungfrau aber Fisch und Mensch in sich vereint, deutet sie auf das Nebeneinander von Unbewußtem und Bewußtem im Inneren der Seele (Meeresschloß) hin. Der Meereskönig, ein Teil der Mondgöttin (Symbol der Wandlung und des Wachstums), gilt hier als Hüter der Seelenantwort, die im Silberschein des Mondlichts verborgen liegt. Die Anzahl von sechs Meerjungfrauen erinnert an die biblische Erschaffungsgeschichte. Sie zählt sechs Schöpfungstage, wobei am sechsten Tag der Mensch erschaffen wurde. Auch die sechste Meerjungfrau strebt schließlich die Menschwerdung an, indem sie die Liebe des Prinzen (Sinnbild des Geistes) zu gewinnen versucht, also die Erkenntniskraft, die aus der instinktgeleiteten Natur zum Bewußtsein erhöht.

In der Schilderung des Meeresgartens wie auch der ersten Auftaucherlebnisse werden elementare Märchenbotschaften sichtbar. Die drei Blumenflecken bezeichnen die vegetative Urkraft, die Seelenkraft und die Erkenntniskraft, während wir im Auftauchmotiv die Hauptaufgabe des Menschen, nämlich die Erlangung des Ganzheitsprinzips, entdecken. Dies soll in der Aufschlüsselung der fünf Schilderungen veranschaulicht werden: Der Mond (Zeichen der Wandlung und des Wachstums) steht in sinnvollem Bezug zur Stadt der Menschen. Durch die Glocken (Abschreckung der Dämonen) wird die religiöse Betrachtungsweise miteingebracht: „Seid fruchtbar und mehret euch!" Die Sonne (Sinnbild der Erleuchtung), die den Horizont (geistige Weite, Offenheit) vergoldet – in Verbindung mit den Wildschwänen (Symbol der irdischen Intelligenz), spiegelt die Geistessphäre wider.

Auf dem breiten Fluß (Sinnbild des Fließens, das den Tod und die Erneuerung miteinschließt) gelangt die dritte Seejungfrau ins Paradies (versinnbildlicht durch die Weinranken und die spielenden Kinder, die Glückseligkeit und Unschuld verkörpern). Doch der bellende Hund (Sinnbild des Todes und der Unterwelt) treibt sie zurück ins offene Wasser (Ursprung der Schöpfung), wo die Instinkte ihren Platz haben.

Die vierte Schilderung bezieht sich auf den Seelenkomplex, wo sich Delphine (Symbol der Schnelligkeit, also Durchzug der Seele zu anderen Gefilden) wie auch der Walfisch (vegetatives Element des gefühligen Dahintreibens) unter dem Himmel tummeln (göttliches Sein, aber auch Geistiges im Sinne des Horizonts).

Im fünften Bericht begegnet uns die Vereinigung von Körper und Geist. Es ist die grüngefärbte See (Symbol der Erd- und Wasserverbundenheit), aus der sich Eisberge erheben (Symbol der Erhöhung und Begegnung von Himmel und Erde). Das Eis, dessen Kühle und Standfestigkeit den Geist symbolisiert, erhebt sich aus dem seelisch-körperlichen Sein wie eine Perle (Sinnbild der kosmischen Einheit wie auch des ganzheitlichen Menschen), um auf dem Wasser (Ursprung der Schöpfung) wie ein Diamant (Symbol der Überschau-Haltung) zu schwimmen. Somit werden die drei menschlichen

Strukturzonen Silber (die Seelenantwort im Mond), Gold (Erleuchtung in der Sonne) und Diamant (Erkenntniskraft im Sein) dargestellt, die dem Menschen das Bewußtsein im Fühlen, Denken und Wollen ermöglichen.

Im Märchen stehen Seele und Geist durch den gemeinsamen Geburtstag gleichwertig nebeneinander. Während das Auftauchen das Seelenbewußtsein meint, demonstriert das Feuerwerk (Geistesfunken) das Geisteserwachen. Der Geist aber droht in den Wogen (Seelenaufruhr) zu versinken, wenn ihm nicht die natürlichen Kräfte (Instinkte) Halt bieten und ihn dem Festland zuführen würden. Doch bleibt dem Geist der Instinkt im Meer (Unterbewußtsein) verborgen.

Der Wunsch nach einer unsterblichen Seele zwingt die Seejungfrau, sich der Wandlungskraft der Meereshexe anzuvertrauen, die dem Bild der Medusa gleicht und sowohl die Kröte (Wandlungs- und Wiedergeburtssymbol) wie auch die Schlange (Bindeglied des irdischen mit dem unterirdischen Bereich und Symbol durchdringenden Wissens) bei sich führt. Sie will den Fischschwanz (verführerischer Impuls und Bewegungsmittel im Triebbereich des Unterbewußten) gegen Beine (auf eigenen Beinen stehen, also sich bewußt als Frau verantworten) tauschen und opfert dafür ihre Stimme (Symbol für das Unvermögen, sich frei zu äußern, wozu sie in der Seelenwelt fähig war). Die bewußte Wahrnehmung der Umwelt läßt uns empfindsam werden. Die Schmerzen der Wandlung, verdeutlicht durch den Schwertvergleich (Symbol der Entscheidung), können das Erwachsenwerden (Menstruation der Frau wie auch Ablösungsschmerz von der Kindheit), aber auch die Bürde der Verantwortung des bewußten Menschen demonstrieren.

In der Auflage, die Liebe des Prinzen zu erobern, kommt das Verlangen nach der Vereinigung von Geist und Seele zum Tragen. Aber erst im Loslassen-Können beweist die kleine Seejungfrau ihre Reife, erlangt Erhöhung und kann durch ihre eigene Initiative die Selbstwerdung und Unsterblichkeit in der Liebe zu allen finden. Hätte sie den Rat der Schwestern befolgt, so wäre ihr nur der Rückschritt in den Instinktbereich geblieben.

Die kleine Seejungfrau, als beliebte Identifikationsfigur der Mädchen, bietet aber auch entwicklungsbedingte Deutungsmöglichkeiten an. Das Mädchen, dem der Vater als erstes Liebesobjekt dient, muß die Mutter zwangsläufig als Rivalin empfinden. So wie der Prinz die kleine Seejungfrau nur wie ein gutes, liebes Kind lieben kann, bleibt auch das Begehren des Mädchens unerhört, und es muß die Vereinigung von Vater und Mutter akzeptieren. Indem es seine Liebesbedürfnisse gegenüber dem Vater überwindet, findet es zu sich selbst und kann den Prozeß der Selbstverwirklichung erfolgreich einleiten.

Gestaltung

Material

Ein großer Wassertrog, ein Glaskrug, ein blaues Tuch, eine Flasche Badeschaum.

Vorbereitung

Das Märchen sollte von der Erzieherin auf jeden Fall frei erzählt werden, da die lange Geschichte den Kindern sonst zuviel Aufmerksamkeit abverlangt. – Im Zimmer befindet sich ein Wasserhahn.

Durchführung

Die Kinder sitzen im Kreis auf dem Boden. Ein blaues Tuch wird zu zweit in der Mitte rundgeformt ausgelegt. Die Erzieherin fragt: „Was fällt euch dazu ein? An was erinnert es euch?" Verschiedene Assoziationen können die Antworten der Kinder sein: Brunnen, Himmel, Meer, See, Wasser usw.

Die Kinder schließen die Augen, während die Erzieherin eine Wanne voll Wasser und einen Krug auf das Tuch stellt. Wenn kein Geräusch mehr zu

hören ist, öffnen alle die Augen. Die Erzieherin taucht den Krug ins Wasser, bis zum Grund, hebt ihn hoch und gießt das Wasser wieder zurück. Auch die Kinder sollen sich nun überlegen, was man alles mit dem Wasser „machen" kann, ohne es zu verschütten. Alle Vorschläge werden gleich ausprobiert, z. B.:
Ich tauche die Hände ins Wasser und lasse sie abtropfen.
Ich streiche mit der Hand über die Wasseroberfläche und drücke sie dann ausgestreckt nur leicht ein.
Ich male mit meinem Finger etwas auf die Wasserfläche.
Wir gießen uns über der Wanne das Wasser gegenseitig in die Handschalen.
Wir schöpfen mit den Händen das Wasser und blasen hinein.

Mit dem Krug oder einem anderen Gefäß kann man Geräusche im Wasser erzeugen usw.
Die Erzieherin bringt eine Badeschaumflasche in den Kreis. Ein Kind spritzt damit ins Wasser, während alle anderen mit ihren Händen Schaum schlagen.
Was läßt sich alles mit Schaum machen? Beispiele:
– auf die Hand eine Schaumkrone setzen
– den Schaum abtropfen lassen
– ein wenig Schaum auf die flache Hand nehmen und dem Nachbarn zublasen
– alle blasen den Schaum in die Wanne
– mit dem Schaum gestalten: einen Schaumberg errichten usw.

Die Erzieherin nimmt eine kleine Schaumkrone auf die Hand, horcht auf das Knistern und fordert auch die Kinder dazu auf. Dann streicht sie das Krönchen ihrem Nachbarn auf die Hand. So wandert das Schaumkrönchen von Kind zu Kind, und jedes hört ihm zu.
Der Schaum vergeht langsam. Kann jedes Kind dasselbe Krönchen auf seine Hand nehmen, oder ist es bald zu Wasser zerronnen?
Der Schaum erzählt etwas. Die Kinder teilen mit, was er ihnen erzählt hat. In ihren Geschichten werden verschiedene Schaumarten vorkommen, z. B. Bierschaum, Putzschaum, Meeresschaum, Badeschaum usw.
Wenn alle Kinder ihre kleine Geschichte erzählt haben, beginnt die Erzieherin:
Der Meeresschaum hat mir viele schöne Geschichten erzählt von versunkenen Schiffen und Schätzen, von seltsamen Pflanzen und Tieren, von Schlössern auf dem Meeresgrund und von seinen Bewohnern, wie der kleinen Seejungfrau: „Weit hinaus im Meer ist das Wasser so blau wie die Blätter der schönsten Kornblume und so klar wie das reinste Glas, aber es ist sehr tief, tiefer, als irgendein Ankertau reicht; viele Kirchtürme müßten

aufeinandergestellt werden, um vom Boden bis über das Wasser zu reichen..."
Inzwischen ist der Schaum in der Wanne wieder zu Wasser zerronnen. Die Kinder äußern sich zum Märchen. Vielleicht möchten sie noch einmal Schaum schlagen. Jedes setzt seinem Nachbarn ein kleines Schaumkrönchen auf den Kopf als Erinnerung an die kleine Seejungfrau.

Anregungen zum Gespräch

– Welcher Geburtstag ist für dich besonders wichtig? Vielleicht der 6. Geburtstag, da dann der Schuleintritt erfolgt. Oder der 12., weil man vom Kind langsam zum Jugendlichen heranreift, usw. Die kleine Seejungfrau wartet sehnsüchtig auf ihren 15. Geburtstag, weil sie dann aus dem Wasser emportauchen darf, um die fremde Welt zu erblicken. Auch wir freuen uns besonders auf den Geburtstag, der uns mehr Freiheit bringt. Welche Veränderungen erwartest du dir von deinem Geburtstag für die Zukunft?
– Wir erzählen von unseren ersten Reisen in die Fremde und was uns daran am meisten beeindruckt hat.
– Wir interessieren uns für die Menschen der verschiedenen Völker und Rassen. Die Kultur, die Lebensweise, das Klima usw. beeinflussen unser Denken, Fühlen und Handeln. Wir versuchen unser Gegenüber besser zu verstehen und bewußt wahrzunehmen (Urlaubserfahrungen, Gastarbeiterkinder).
– Wir erinnern uns an Abschiedsszenen und erzählen einander, wie es uns dabei erging.
– Die kleine Seejungfrau liebt den Prinzen.
  Der Prinz mag die kleine Seejungfrau gern.
  Wie zeigt sich das im Verhalten der beiden?
– Ich werde eine Frau – Ich werde ein Mann.
  Mein Körper verändert sich. Meine Gefühle und Stimmungen überwältigen mich. Im Märchen wird diese Problematik drastisch dargestellt und kann von den Heranwachsenden gut nachempfunden werden.
– Was ist eine Seele?
  Die Kinder äußern, was sie sich unter diesem Begriff vorstellen. Sie fragen die Erwachsenen und lassen sich ihn von ihnen „erklären" (das Belebende in uns, ganzheitliche Sicht...).
– Was ist ein Engel?
  Wir malen Engel, so wie wir sie uns denken, und schauen uns dann bildnerische Darstellungen von Künstlern an. Wir erfahren, daß Engelbilder den persönlichen Vorstellungen entspringen, aber doch auch viel Gemeinsames aufweisen, z. B. Flügel, Lockenhaar usw. Welche Bedeutung haben Engel in der christlichen Religion (Boten Gottes)?

Ideen

– Wir erzählen einander von unseren Erlebnissen am Meer.
– Wir schauen uns alte und neue Schiffe an.
– Wir erzählen von einer Schiffsreise.

Wir spielen das Fingerspiel „Däumchens Seereise"
Däumchen dick und Däumchen klein,
die steigen in ein Schifflein ein;
das Schifflein fährt hinaus aufs Meer,
das freut die kleinen Däumchen sehr.
Auf einmal kommt der Wind daher
und bläst und bläst wild übers Meer,
die Wellen wogen wild herum
und werfen fast das Schifflein um.
Den Däumlein wird ganz bang zu Mut:

„Ach, lieber Wind, sei doch so gut
und stell das dumme Blasen ein,
wir fürchten uns so ganz allein."
Der Wind, der stellt das Blasen ein
und schickt den Sonnenstrahl aufs Meer.
Das freut die beiden Däumchen sehr.
Die Däumchen fahren heim geschwind
und rufen: „Danke schön, Herr Wind!"

- Wir falten einen Dampfer und ein Segelschiff. Wir lassen die Schiffe schwimmen.
- Wir betrachten die Fische im Aquarium und lernen die Vielfalt ihrer Farben, Formen und Größen kennen.
- Wir bewegen uns wie Fische.
- Wir gestalten Fische aus großen Papiermüllsäkken.
- Wir falten Fische und basteln daraus ein Fischmobile.
- Angelspiel zum Selberbasteln in: Wolfgang Vater/Wolfgang Gassert, Basteln und Werken, Rehabilitationsverlag, Bonn-Bad Godesberg 1979
- Wir gehen gemeinsam zum Schwimmen.
- Wir schauen uns den Grund mit der Taucherbrille an.
- Wir erzeugen und hören Unterwassergeräusche.
- Wir machen Luft- und Seifenblasen.
- Wir bringen aus dem Meeresurlaub Muscheln mit und schauen uns die verschiedenen Muscheln genau an.
- Wir formen mit Sand und gestalten Sand- und Muschelbilder:
  Gesiebter Sandkastensand wird mit angerührtem Kleister vermengt und die Masse in einen Holzrahmen gleichmäßig verteilt. Nun drücken die Kinder Steinchen und Muscheln zu einem Mosaik oder frei eingestreut in die ausgebreitete Masse und lassen es trocknen, so daß es hart wird.
- Wir gestalten das Meeresschloß aus Muscheln.
- Wir fädeln eine Muschelkette.
- Wir malen Szenen aus dem Märchen und stellen sie zu einer Bildergeschichte zusammen.
- Wir malen mit Blautönen.
- Wir schmücken uns wie die kleine Seejungfrau mit Muscheln, Seegras (Kreppapier, Tülltücher) usw.
- Wir bewegen uns im Wasser und im Raum.

- Wir tanzen wie die kleine Seejungfrau mit Tülltüchern durch den Raum.
- Wir legen ein Blumenbeet an, so wie die kleine Seejungfrau im Meeresschloßgarten. (Oder wir gestalten das Blumenbeet der kleinen Seejungfrau mit roten Tüchern, Perlen, Muscheln, Filzplättchen, Muggelsteinen usw. auf dem Boden gemeinsam nach. Jedes Kind gestaltet sein eigenes Meeresblumenbeet.)
- Wir brauen einen Zaubertrank aus Fruchtsäften, Brause usw.
- Wir malen die Meereshexe.
- Wir erkunden unsere nähere Umgebung und die weitere Umwelt. Dazu verschiedene Entdeckungsspiele: Postenlauf, Stadtteilreportage, Stadtrallye usw.
- *Spiele zum Thema „verstehen und verstanden werden"*
  Ein Kind spielt einen Begriff pantomimisch vor, den die Gruppe raten soll.
- *„Seejungfrau, wo bist du?"*
  Alle Kinder, bis auf eines, laufen mit verbundenen Augen durch den Raum. Das sehende Kind aber kann nicht sprechen. Nun tasten sich alle gegenseitig ab und fragen: „Seejungfrau, wo bist du?" Erhalten sie die gleiche Antwort, müssen sie weitersuchen. Wird ihnen aber nichts erwidert, so öffnen sie die Augen und hängen sich bei der Seejungfrau ein, um mit ihr stumm durch den Raum zu ziehen, bis sich alle angeschlossen haben.

Spiele

Zahlreiche Spiele und Anregungen finden sich in Wolfgang Löscher (Hrsg.), Sand und Wasser. Spiele – Geschichten – Reime – Bilder, Don Bosco Verlag, München 1984².

Seejungfrau, komm, rette mich
Dieses Spiel wird auf einer großen Wiese durchgeführt.
Die Kinder bestimmen eine Seejungfrau und eine Meereshexe. Beide stellen sich einander gegenüber am Spielfeldrand auf. Alle anderen fassen sich an den Händen, tanzen im Kreis um den Goldschatz (z. B. eine Tüte Süßigkeiten oder Seil) und singen:

„Schaut, ein Schiff, mit Gold beladen,
kann die schwere Last kaum tragen,
kommt gefahren übers Meer.
Schaukelt hin und schaukelt her,
schaukelt hin und schaukelt her.
Denn der Sturm bedroht es sehr."

Schließlich dreht sich der Kreis so heftig, bis die Kette bricht und alle durcheinander purzeln. Am Boden liegend rufen sie:

„Seejungfrau, komm, rette mich!"

Nun laufen Seejungfrau und Meereshexe los, um soviel Kinder wie möglich abzuschlagen. Die Gruppe mit den meisten Kindern gewinnt den Goldschatz. Oder aber: Mit dem Seil treten die beiden Gruppen nun zum Tauziehen an. Wer kann die andere Gruppe auf seine Seite ziehen?

Die Ozeanwelle
Die Kinder stellen einen Stuhlkreis. Ein Kind steht in der Kreismitte. Nun ist ein Platz frei, der von der Gruppe durch ständiges Weiterrutschen auf den

Stühlen verschoben wird. Das Kind in der Mitte versucht den freien Platz zu erhaschen. Wer also nicht schnell genug reagiert, wird bald die Rolle des Kindes in der Mitte übernehmen. Dabei kann es auf die Rutschrichtung Einfluß ausüben, indem es abwechselnd links und rechts nachrücken läßt.

Die Seefahrt
Ein Kind liegt auf dem Boden. Es ist mit einem Anorak bedeckt, in dessen Ärmel ein langes Rohr als Fernrohr steckt. Der Spielleiter erzählt ihm, daß es sich auf einer Seefahrt befindet. Das Rohr schaukelt mit den Wellen. Was kann es alles durch sein Fernrohr sehen? Die Sterne z. B. – ein brennendes Streichholz wird vor die Öffnung ge-

halten, Nacht, Tageslicht – und am Ende eine kleine Kostprobe „Meereswasser", das ein Kind mit der Kanne ins Rohr gießt.

Schiff in Not
Wir malen den Schiffsrumpf mit Kreide auf dem Boden auf, so daß alle Kinder genügend Raum darin finden. Dann teilen wir die Richtungen auf: vorne = Bug, hinten = Heck, rechte Seite = Steuerbord, linke Seite = Backbord. Der Kapitän erteilt den in der Mitte stehenden Kindern die Anweisungen. Wer zuletzt am ausgerufenen Platz eintrifft oder die Linie übertritt, scheidet aus, bis nur noch der neue Kapitän übrig ist (für Grundschulkinder).

Angeln
Dazu braucht es einen Eimer Wasser und einen Apfel, der auf der Oberfläche schwimmt. Ein Kind versucht, ohne Zuhilfenahme der Hände, den Apfel am Stil aus dem Wasser zu angeln (oder auch zu essen).

Fischer, wie tief ist das Wasser?
Für dieses Spiel wird ein 15–20 Meter langes Spielfeld benötigt. Am einen Ende steht der Fischer, am anderen die Kindergruppe, die ans Ufer möchte.

Sie rufen: „Fischer, wie tief ist das Wasser?"
Der Fischer antwortet: „100 Meter!"
Die Kinder: „Wie kommen wir hinüber?"
Der Fischer: „Auf einem Bein hüpfend!"

Alle Kinder versuchen nun, auf einem Bein hüpfend, die andere Seite zu erreichen, während der Fischer zur anderen überwechselt und dabei soviel Kinder wie möglich abschlägt, die nun mit ihm gehen müssen, um bei der nächsten Runde dem Fischer zu helfen.

Der letzte wird im nächsten Spiel Fischer. (Die Bewegungsarten der Kinder und die „Meerestiefe" richten sich jeweils nach dem Wunsch des Fischers.)

Andere Bewegungsspiele

„Wassermann". Ein Fangspiel
„Netzfangen". Ein Fangspiel
„Fährmann". Ein Geschicklichkeitsspiel
„Buttfisch, komm wieder". Ein Laufspiel
„Karsten Steuermann". Ein Neck- und Fangspiel
„Fische fangen". Ein Geschicklichkeitsspiel
in: Rudolf Kischnick, Was die Kinder spielen, Verlag Freies Geistesleben, Stuttgart

Brunnenfrau

Brunnenfrau, Brunnenfrau,
zieh mich in den Brunnen!
Ein Kind hockt als Brunnenfrau nieder und versucht, die anderen zu fangen, die es singend necken. Wer erwischt wird, muß Brunnenfrau sein.

Wasserhexe

Wasserhexe, krieg mich doch!
Ich steh an deinem Teiche.
Ein Kind steht im Graben. Die anderen springen hinüber und herüber und singen. Wer gefangen wird, muß in den Graben.

Singspiel: Nix in der Grube

in: Edith Schuhmacher, Singspiele und Kindertänze für Kindergarten, Vor- und Grundschule, Verlag Hofmann, Schorndorf

Spielideen zum Märchen mit einer Abdeckfolie

Material

Eine dünne, 5 x 5 m große, durchsichtige Abdeckfolie (bei Malerbedarf erhältlich) bietet viele Möglichkeiten, um mit den Kindern das Märchen spielerisch nachzuempfinden.
Einige Spielvorschläge mit der Plane sollen hier aufgezeigt werden: Manchmal ist die Plane an einer Seite noch geschlossen, so daß ein 5 m langer Schlauch entsteht.

Die Kinder kriechen in den Planenschlauch (besondere Vorsicht des Erziehers ist geboten).
Ein oder zwei Kinder legen sich hinein, während die anderen durch Wedeln mit den Planenenden Wind erzeugen.
Im Schlauch kann man auch aufrecht stehen und gehen.

Der Schlauch wird zu einer großen Fläche aufgerissen.
Alle heben und senken die Plane leicht an, ziehen sie dann gemeinsam höher und drücken auf ein Zeichen hin die Planenenden zu Boden, so daß eine große Kuppel entsteht.
Wir lassen die Kuppel steigen: Dazu lassen alle die Enden los, und die Kuppel steigt zur Decke. Dort bleibt sie kurz „kleben", um dann seitwärts zu Boden abzustürzen. Die Kinder laufen der Plane nach und versuchen, von ihr bedeckt zu werden.
Wir spielen Blasenspringen: Die Kinder ziehen die Kuppel zu Boden und springen auf den Luftblasen herum, die sich dann wie kleine Blumen öffnen oder wie Seifenblasen „zerplatzen" (statt mit den Füßen auch mit den Händen möglich).
Man kann auch Kräuselwellen durch schnelles und kurzes Bewegen der Plane erzeugen.
Wie gibt es eine Springflut? – Die Plane wird dazu von einer Seite in hohen Wellen auf und niederbewegt, so daß die Welle bis ans andere Ende rollt. Einige Kinder liegen währenddessen darunter und spüren den entstehenden Wind.
Die Kinder ziehen die Plane glatt. Nun sieht sie aus wie ein zugefrorener See. Die Körperumrisse der darunterliegenden Kinder drücken sich in der Plane ab.
Die Kinder gießen etwas Wasser darauf, das beim Wedeln auf der gespannten Plane versprüht.
Die Plane als unser Wolkendach: Bis auf zwei Kinder setzen sich alle in kurzen Abständen hintereinander auf dem Boden nieder.

Die zwei Kinder halten die Plane an den beiden Enden fest und lassen sie, indem sie mit ihr durch den Raum laufen, über die Köpfe der Kinder hinwegwehen. Dabei wölbt sich die Plane durch den Luftzug dachartig.
Schließlich lassen sie wieder eine Kuppel entstehen und ziehen sie über sich zum Boden nieder. Langsam senkt sich die Plane und deckt alle zu.
Am Ende lassen sie bunte Papierschiffchen auf der Plane tanzen.
Keines darf herunterfallen.

Wenn die Plane bereits ein Loch hat, versuchen alle ihre Schiffchen nacheinander dort hindurchfallen zu lassen.
Abschließend spielen wir das rhythmische Singspiel „Mein Schiffchen hat Segel" aus: Margot Pötschke, Zeige ... was du hörst, Edition W. Hansen, Frankfurt/M.

Weitere Anregungen in: Wolfgang Löscher, Der Wind, das himmlische Kind. Spiele und Materialien zum Thema Naturerscheinungen, Don Bosco Verlag, München 1985.

Lieder

Meer

(M.: Josef T. Dillenkofer/T.: Josef Guggenmos, aus Dillenkofer/Riehl/Wilbert, Das große Guggenmos-Liederbuch.
129 Lieder und Kanons nach Texten von Josef Guggenmos, Georg Bitter Verlag, Recklinghausen/Österreichischer Bundesverlag, Wien)

Andere Lieder

"Ixen, dixen, Silbernixen"
in: Meinolf Neuhäuser, Bunte Zaubernoten, M. Diesterweg Verlag, Frankfurt/M.

"Der Meereskönig"
in: Kurt Pahle, So singt die Jugend der Welt, Südwest-Verlag, München

"Der Mumpf"
in: B. Bartos-Höppner, Kinderlieder unserer Zeit, Arena-Verlag, Würzburg

Nixentanz

1. Nixe, spiel mit dem Wind. Laß deine Haare wehn, daß sie zum Tanz sich drehn, Nixe, spiel mit dem Wind!

2. Nixe, spiel mit dem Licht,
   Sonne, Mond, Sternenkranz
   leuchten beim Nixentanz.
   Nixe, spiel mit dem Licht.

Das Original erschien unter dem Titel "Elfentanz".
© Anne Sydow, Osnabrück

Tanzbeschreibung (Klatschtanz)
Wir stehen uns im Doppelkreis paarweise gegenüber.

T 1– 2 Alle schlagen sich auf die Oberschenkel und klatschen in die Hände.

T 3– 4 Wir schlagen einander gleichzeitig auf die erhobenen Hände, dann auf die eigenen Oberschenkel, klatschen in die Hände und erneut gegen die erhobenen Hände des Partners.

T 5– 6 Wir haken uns beim Partner unter und machen eine halbe Drehung am Platz.

T 7– 8 Wir wechseln die Richtung und bleiben nach vollendeter Drehung einander gegenüber stehen.

T 9–10 Wiederholte Klatschpartie, doch an der
11–12 Stelle des letzten Schlages (auf die erhobenen Hände) bewegt sich der Innenkreis mit einem Seitwärtsschritt nach links und der Außenkreis mit einem Seitwärtsschritt nach rechts weiter, so daß nun die neuen Paare den letzten Schlag miteinander ausführen, um dann von vorn zu beginnen.

Weiterer Tanz
"Winden, winden eine Welle"
in: H. Mecke/H. Hildebrandt, Gesang und Klang im Kinderleben, C. C. Buchners Verlag, Bamberg 1935

Gedichte

Der Wassermann muß raus!
Herr Schulz, der viel im Ausland war
und selbst durch Wüsten ritt,
der brachte einen Wassermann
von einer Reise mit.
Mit diesem grünen Wassermann
gab's Ärger noch genug:
Er hockte in der Badewanne,
in der er Wellen schlug.
Das ist so, weil ein Wassermann
das Wasser immer braucht
und krank wird und vertrocknen muß,
wenn er nicht untertaucht.
Die Kinder freuten sich so sehr,
sie brauchten nicht zu baden!
Doch außer diesem Vorteil brachte
der grüne Kerl nur Schaden.
Er planschte, daß der Wasserschwall
ins untere Stockwerk troff
und die Frau Heinzelmeier fast
in ihrem Bett ersoff.
Nach einer Woche Plantscherei,
da schwamm das ganze Haus,
bis daß Frau Schulz sehr wütend schrie:
„Der Grüne, der muß raus!"
Was blieb da für Herrn Schulz zu tun?
Er fuhr den Kerl ans Meer
und brachte aus dem Ausland nie
mehr Wassermänner her.

(Bruno Horst Bull in: Wolfgang Löscher [Hrsg.], Sand und Wasser. Spiele – Geschichten – Reime – Bilder, Don Bosco Verlag, 1984²)

Weitere Gedichte
„Kinderspruch", von Alfons Schweiggert
in: R. Herfurtner u. a. (Hrsg.), Das bayerische Kinderbuch, Loewes Verlag, Bayreuth
„Zauberspruch der Meereshexe", von Gisela Schlegel
in: H. J. Gelberg (Hrsg.), Die Stadt der Kinder, Georg Bitter Verlag, Recklinghausen
„Am Meeresgrund"
in: Bruno H. Bull, Verskinder, Relief-Verlag, München
„Meer"
in: Josef Guggenmos, Es las ein Bär ein Buch im Bett, Georg Bitter Verlag, Recklinghausen
„Kein Wunder"
„Eine miese Miesmuschel"
in: Fröhlich, Na hör mal?, O. Maier Verlag, Ravensburg
„Wasser"
in: Josef Guggenmos, Wenn Riesen niesen, Ueberreuter-Verlag, Wien
„Wasser"
in: Katrin Behrend, Das Reimehaus, Annette-Betz-Verlag, München
„Muschel", von Max Barthel
in: H. J. Gelberg (Hrsg.), Geh und spiel mit dem Riesen, Beltz & Gelberg Verlag, Weinheim
„Opas Muschel"
in: Mascha Kaléko, Wie's auf dem Mond zugeht, Blanvalet Verlag, München

Tradition und Brauchtum

Das Herz der kleinen Seejungfrau sollte am ersten Morgen, nachdem der Prinz mit einer anderen verheiratet war, brechen und sie selbst zu Schaum auf dem Wasser werden. Doch dies geschah nicht. Denn die Töchter der Lüfte nahmen sie in ihren Reihen auf.
Noch heute versöhnt man an Hochzeiten in den Alpenländern die Seelen der Lüfte mit Wurfkuchen, indem Konfekt, Hörnchen, Zeltchen, Schifferln und Nüsse in die Luft geworfen werden.

September

Es kommt eine Zeit
da hat die Sonne
alle Arbeit getan
Die Äpfel sind rot
Die Birnen sind gelb
und die Marktfrauen rufen
Pflaumen schöne Pflaumen

Es kommt eine Zeit
da wird die Sonne müde
und immer kleiner
So klein wie eine Orange
die nach Afrika zurückrollt
wie ein Taler
der von einer Hand zur andern wandert
wie der Knopf
vom Matrosenkleid

So klein wird die Sonne
daß der Himmel sie nicht mehr halten kann

Sie rollt übers Dach
rollt hintern Berg
jetzt kann sie keiner mehr sehen

Elisabeth Borchers

Das September-Märchen – von Will Vesper:

Der Teufel in der Nuß

Zur Deutung

Die Erzählung „Der Teufel in der Nuß" von Will Vesper erhebt nicht unbedingt den Anspruch einer Deutung wie im Volksmärchen. Trotzdem sollen die darin enthaltenen Symbole kurz erläutert werden.

Da ist zum einen die Nuß, deren Gestalt drei Substanzen in sich vereinigt. Das Leder (die grüne Hülle), die Schale und den Kern. Sie finden in der christlichen Deutung ihre Anwendung auf den Menschen. Die Hülle entspricht darin dem Fleisch, die Schale den Knochen und der Kern symbolisiert die Seele. Auch der Spruch: „Rauhe Schale – weicher Kern" läßt sich in diesem Zusammenhang nennen.

Der Kasperl, mit heiterem Gemüt und intelligentem Witz, steht als Bindeglied zwischen Kind und Erwachsenem. Indem er die Nüsse knackt und ißt, bringt er die Geschichte ins Rollen und fordert den Teufel auf, in eine wurmstichige Nuß zu kriechen. Zum Beweis seiner Macht schlüpft dieser hinein. Der Teufel symbolisiert alle Kräfte der Verwirrung und Dunkelheit, an deren Ende der Tod steht.

Schließlich will sich Kasperl die Nuß vom Schmied knacken lassen. Der Schmied (auch als dunkler Magier bekannt, da er die Waffenschmiede beherrscht) veredelt das rohe Material, indem er es im Feuer (Reinigungssymbol) bearbeitet. So wird aus Niederem Höheres. „Ein jeder ist seines Glückes eigener Schmied."

Nach mehreren Versuchen knackt er die Nuß mit seinem schwersten Schmiedehammer. Der Hammer ist wie die Axt ein Machtsymbol.

Wenn am Ende das Dach des Hauses hoch in den Himmel (in den siebten Himmel) über sieben Dächer fliegt, so muß man dies wohl als ein Zeichen kraftvoller Erlösung empfinden. Das Haus als Heimstätte des Menschen erlebt ähnlich wie die Nußschale (Körper des Menschen) die gewaltige, glückliche Vertreibung des Teufels. Durch sein Öffnen erlangt es Erhöhung.

Daß selbst der schwerste Hammer den Teufel nicht auslöschen kann, ist wiederum verständlich, da dieser ja als Symbol des Bösen nicht aus der Welt zu denken ist. Denn das Schlechte muß sich immer aufs neue demonstrieren, selbst dort, wo man es nicht vermutet. Doch kann es durch den Einsatz positiver Intelligenz und Kraftanstrengung zuerst eingedämmt und schließlich aufgedeckt werden. Dies kommt auch in der Redewendung „einen Riegel vorschieben" (Hölzchen im Wurmloch) und „jemanden in die Tasche stecken" zum Ausdruck, so wie es Kasperl in der Geschichte uns bildlich vormacht.

Gestaltung

Material
Ein braunes Tuch, ein Korb mit hellbraunen und gelben Wollfäden, eine Nußbaumscheibe.

Durchführung
Die Kinder sitzen im Kreis. In der Mitte wird ein braunes Tuch rundgeformt ausgelegt. Die Erzie-

herin fragt: „Was könnte es darstellen?" – Erde, ein Loch, einen Korb, eine Grube usw.

Die Erzieherin bringt eine Nußbaumscheibe in den Kreis, um sie mit den Kindern zu betrachten, die Baumart zu bestimmen und die Ringe des Baumes zu zählen.

Wie dick wird ein Baumstamm nach drei, nach sechs, nach zehn Jahren usw.?
Wer ist schon einmal bei einer Baumernte dabei gewesen?
Welche Baumerntelieder kennst du?
– „Ging ein Weiblein Nüsse schütteln"
– „Spannenlanger Hansel, nudeldicke Dirn" usw.
Die Kinder singen gemeinsam die Liedvorschläge.

Wie erntet man Nüsse?
Mit langen Stangen wird in die Astgabel gestochen und der Ast so lange gerüttelt und „geschlagen", bis alle Nüsse zu Boden prasseln.
Dann steigt man in den Baum und schüttelt mit der Stange Ast für Ast. Manchmal müssen vorher einige Äste herausgeschnitten werden, um sich „frei" auf dem Baum bewegen zu können. Schließlich sammelt man rund um den Baum, in einer Spirale oder in Strahlen zum Stamm hin, die Nüsse ein.

Die Erzieherin bringt eine mit einem Tuch verdeckte Schale mit Nüssen und einem Nußknacker in den Kreis und beschreibt den Inhalt anhand eines Gedichtes oder Rätsels:

Hat ein Häuschen hart wie Stein,
doch das, was drin ist, das schmeckt fein.
Oder:
Hasel heiß ich,
Nüsse beiß ich,
Eines weiß ich,
daß die Nuß
sich öffnen muß.

(aus: Karlheinz Bentzien, Ene mene Tintenfaß, rate, rate, was ist das?, Verlag Herder, Freiburg)

„Wer errät es?"
Die Kinder knacken die Nüsse (Walnüsse möglichst in zwei Hälften) und essen sie.
Die Erzieherin erzählt das Märchen vom Teufel in der Nuß:

Hans Kasperl ging über die Straße und knackte Haselnüsse und aß Kerne. Auf einmal fand er eine wurmstichige Nuß; die war ganz leicht. „Na", sagte der Kasperl und betrachtete das Wurmloch, „das ist eine enge Gasse. Da käm auch kein Teufel hindurch!"
Auf einmal stand der Teufel da und sagte: „Einem Teufel ist alles möglich!"
„So, so", sagte der Kasperl, „aber in diese Nuß kann kein Teufel kriechen!"
„Aber leicht!" sagte der Teufel, und schon war er drin. Schnell steckte der Kasperl ein Hölzchen in das Wurmloch. „Nun hab ich dich", sagte er und steckte die Nuß mit dem Teufel in die Tasche.
Hans Kasperl kam zum Schmied und sagte: „Schmied, kannst du mir nicht diese Nuß knacken?"

„Kleinigkeit", sagte der Schmied und klemmte die Nuß zwischen seine Hände und drückte. „Nanu?" sagte er, „die ist aber fest", nahm einen kleinen Hammer, legte die Nuß auf den Amboß und schlug darauf.

Aber das half nichts. Da nahm er einen größeren Hammer, half auch nichts, und noch einen größeren, half auch nichts. „Dich werd' ich doch klein kriegen", sagte der Schmied und nahm seinen allerschwersten und größten Schmiedehammer, holte aus und schlug auf die Nuß mit aller Kraft. Da krachte sie auseinander, daß der Schmied an die Wand und das Schmiededach hoch in den Himmel und über sieben Dächer flog. „Das krachte ja", sagte der Schmied, „als wäre der Teufel in der Nuß!"

„Der war auch drin", sagte der Kasperl.

(Will Vesper)

Der Waldgeist und die Haselnüsse

Die Kinder verzieren das braune Tuch mit den Nußschalenhälften und bestimmen einen Waldgeist. Dieser sucht sich am anderen Spielfeldrand ein Häuschen (Baum, Kreis oder ähnliches), während die anderen Kinder sich ebenfalls ein gemeinsames Freifeld abstecken. Nun laufen alle zur Spielfeldmitte und beginnen das Zwiegespräch:
Waldgeist: „Was macht ihr da?"
Kinder: „Wir suchen Haselnüsse."
Waldgeist: „Kann man die essen?"
Kinder: „Nein, die muß man aufknacken."
Waldgeist: „Was ist denn darin?"
Antworten die Kinder: „Der süße Kern", dann verfolgen sie den Waldgeist bis in sein Versteck. Heißt es aber: „Der bittere Kern", dann jagt sie der Waldgeist nach Hause. Ob die Kinder „süß" oder „bitter" sagen, haben sie vorher miteinander abgesprochen. Schlägt eines den Waldgeist ab, bevor er sein Haus erreicht hat, dann wird dieses zum Waldgeist. Schafft es aber der Waldgeist, dann spielt er seine Rolle auch im nächsten Spiel. Wenn er jedoch niemand trifft, muß ein neuer Waldgeist bestimmt werden.

(Spielidee aus: Was die Kinder spielen. 250 Bewegungsspiele für die Schuljugend, gesammelt und pädagogisch erläutert von Rudolf Kischnick. 7. Aufl. 1985, Verlag Freies Geistesleben, Stuttgart)

Anregungen zum Gespräch

– Wir suchen gemeinsam Antworten auf verschiedene Fragen: Was heißt „da steckt der Teufel drin" – oder „da ist der Wurm drin"?
Kann man den Teufel einsperren?
Kasperl und Schmied versuchen den Teufel mit List und Gewalt zu bezwingen. Gelingt es ihnen?
Was bedeutet der Ausspruch „taube Nuß"? (leer, hohl, ohne Frucht)
Was heißt „den Teufel an die Wand malen"?
Was ist „Teufelsschläue"?

- Wir erzählen uns Geschichten, in denen die List eine Hauptrolle spielt, z. B. die biblische Geschichte: „David besiegt Goliath", das Märchen „Das tapfere Schneiderlein", „Fuchs und Wolf" usw. (Immer besiegt der körperlich scheinbar Schwächere mit seinem Geist, in Form der List, den sich allein auf seine Stärke verlassenden Gegner.)
Vielleicht haben die Kinder selbst schon einmal eine List angewandt und wollen davon erzählen. Sind List, Tücke und Hintertriebenheit ein und dasselbe?
- Was symbolisiert der Teufel?
In den alten Naturreligionen hat das teufelähnliche Wesen eine andere Bedeutung als im Christentum.
- Was gefällt dir an der List?

Ideen

- Wir sammeln und knacken auf verschiedene Weise Nüsse.
- Wir mahlen die Nüsse und backen einen Nußkuchen.
- Wir gestalten aus Walnüssen Überraschungsnüsse: Wir teilen unsere Walnüsse in zwei Hälften, essen die süßen Kerne und legen eine kleine Überraschung hinein, z. B. einen Zettel mit einer Aufgabe oder dem Hinweis, wo der Schatz zu suchen ist, ein Gummibärchen usw. Nun kleben wir die Nußhälften wieder zusammen, mischen sie untereinander oder verstecken sie. Jedes Kind bekommt eine Überraschungsnuß.
- Wir basteln Nußschiffchen und lassen sie schwimmen.
- Ratespiel: Was ist darin oder „Na"? Wir verstecken einen Gegenstand unter einem Tuch. Wer kann ihn durch Befühlen erraten?
Wir malen auf ein Blatt (DIN A 4) eine einfache Schablonenzeichnung, z. B. einen Baum, einen Hasen usw. Dann stecken wir die gezeichneten Bilder in einen entsprechend großen Umschlag (undurchsichtig) und ziehen eines nach dem anderen langsam hervor. Die Kinder versuchen aufgrund der sichtbaren Zeichnungsausschnitte den Bildinhalt zu erraten.
- Wir knacken harte Nüsse: Wir lösen Rätsel und Quizfragen. Wir sammeln Lösungsmöglichkeiten zu verschiedenen Problemen.
- Wir stopfen Löcher: z. B. im Strumpf. Wir flicken ein Loch im Fahrradschlauch. Wir richten eine Zaunlatte usw.
- Spiele mit Löchern: Wir kriechen in verschiedene Löcher. Paß ich da durch (ein Rohr, eine Tonne, ein Sack usw.)?
Wir bauen eine Höhle, in der wir uns verkriechen können (aus Laken, Kissen, Karton usw.).
Wir treffen durch ein Loch: z. B. eine Fußballtorwand, Korbball, einen Faden durch ein Nadelöhr fädeln, Geduldspiel (alle Kugeln auf der Spielfeldscheibe in die Vertiefungen einpendeln) usw.

- Der Schmied zeigt uns sein Handwerk.
- Wir schlagen Nägel mit einem Hammer in einen Holzbalken.
- Wir bauen und spielen das Spiel: „Haut den Lukas".
- Wir spielen die Erzählung als Theaterstück, Puppen- oder Schattenspiel nach und überlegen uns eigene kleine Stücke zum Thema.
- „Wir überlisten den Teufel." Wir spielen Kasperltheater mit dem Kasperl und dem Teufel. Die Kinder bestimmen den Spielablauf durch ihre Ratschläge an den Kasperl.
- Wir malen den Kasperl und den Teufel.
- Was sind die besonderen Merkmale des Teufels auf Bildern? Z. B. rote und schwarze Farben, Teufelshörner, Schwanz und Pferdefuß. Eine Mischfigur also zwischen Mensch und Tier. –
- Wir erfinden selbst neue Phantasiewesen.
- Wir formen Puppenköpfe aus Pappmaché oder Keramiplast und lernen, wie man Charakterzüge durch Körpermerkmale zum Ausdruck bringt (erst ab etwa acht Jahren stärker auf Charakterzüge eingehen).
- Wir basteln einen „Springteufel": In eine ausziehbare Schachtel wird eine Spirale mit einem Teufelsköpfchen eingeklemmt, die einem beim Herausziehen der Schachtel entgegenspringt.
Bastelanleitung in: Wolfgang Vater/W. Gassert, Basteln und Werken, Rehabilitationsverlag, Bonn-Bad Godesberg 1979
- Wir basteln einen Tütenkasperl (mit Hilfe eines Stabs versenkbar).

Spiele

Nußkegeln
Ende Oktober/Anfang November erfolgt die Walnußbaumernte. Zu diesem Anlaß spielte man in Baden das „Baumnußkegeln". Dazu liegen die Nüsse auf einem kleinen Hang in einer Linie nebeneinander. Etwa vier bis fünf Meter unterhalb stehen nun die Spieler parallel dazu, um mit einer schweren, möglichst runden Walnuß hangaufwärts eine Nuß aus der Linie zu kegeln. Bei einem Treffer erhält der Spieler die Nuß und alle rechts davon liegenden Nüsse.

Nusseln
Die Kinder malen einen kleinen Kreis auf den Boden. Jedes legt nun zehn Nüsse in den Kreis. Eines nach dem anderen stellt sich mit ausgestrecktem Arm davor, um eine Nuß in den Nußhaufen fallen zu lassen. Rollt sie aus dem Kreis heraus, bekommt sie der Spielleiter, bleibt sie aber liegen, gehört sie den Mitspielern, die alle Nüsse am Ende miteinander teilen.

Nußschifferl
Walnüsse werden gehälftet. Dann befestigt man darin mit Hilfe von Wachstropfen einen Kerzenstummel und setzt das Schiffchen in den mit Wasser gefüllten Trog. Die Kinder entzünden die Kerzen, schalten das Licht im Raum aus und betrachten die schwimmenden Kerzenschiffe, mit denen sie auch kleine Wettfahrten starten können, wenn sie ihr Schiff vorsichtig anblasen.

Lieder

Der Nußknacker

(Günther Riehl/Josef Guggenmos, in: Dillenkofer/Riehl/Wilbert, Das große Guggenmos-Liederbuch, Georg Bitter Verlag, Recklinghausen/Österreichischer Bundesverlag, Wien)

Er zerbeißt die Schale und schenkt uns den Kern.

Vor- und Nachspiel

Weitere Lieder

„Der Nußknacker"
in: Ilona Bodden, Da blies der Hund den Dudelsack, Verlag Herder, Freiburg
„Ging ein Weiblein Nüsse schütteln"
in: Der junge Musikant. Liederbuch für die Hauptschule, Bayerischer Schulbuch-Verlag, München
„Spannenlanger Hansel"
in: Richard Rudolf Klein, Willkommen, lieber Tag, M. Diesterweg Verlag, Frankfurt/M.

„Der Kirschbaum"
in: Wir kleinen Sänger, Bayerischer Schulbuch-Verlag, München
„Teufel, Teufel, Teufel", von H. C. Artmann/Wilhelm Keller
in: Sing, Sang, Song. 56 Kinderlieder mit Noten, Rowohlt-Verlag, Reinbek
„Schmied, Schmied, Schmied" von Hans Gebhard
in: Kleine Handwerkerkantate, B. Schott's Söhne, Mainz

Tänze

Der Herbst, der Herbst ist da

2. Der Herbst, der Herbst, der Herbst ist da!
Er bringt uns Obst, hei hussassa!
Macht die Blätter bunter, wirft die Äpfel runter.
Heia hussassa, der Herbst ist da.

3. Der Herbst, der Herbst, der Herbst ist da!
Er bringt uns Wein, hei hussassa!
Nüsse auf den Teller, Birnen in den Keller.
Heia hussassa, der Herbst ist da.

4. Der Herbst, der Herbst, der Herbst ist da!
Er bringt uns Spaß, hei hussassa!
Rüttelt an den Zweigen, läßt die Drachen steigen.
Heia hussassa, der Herbst ist da.

Spielvorschlag: Dieses Lied ist eigentlich kein Singspiel; es soll zeigen, wie sich ein Lied mit ausgeprägtem Rhythmus für die Bewegungserziehung eignet.

Takt 1–4: Alle Kinder hüpfen 7 Schritte vorwärts, im Kreis herum oder frei im Raum. Beim 8. Hüpfer Schlußsprung.

Takt 5–8: Wiederholung.
Takt 9–10: Rhythmisches Stampfen auf der Stelle.
Takt 11–12: Rhythmisches Klatschen.
Takt 13–16: Einmal in die Hände klatschen und hüpfen bis zum Schlußsprung bei „da".

(Hans R. Franzke, aus: Die Zugabe, Band 1, Fidula-Verlag Holzmeister GmbH, Boppard/Rhein und Salzburg)

Weitere Tänze

„Die Holzhacker und die Nußknacker"
in: H. Behringer u. a. (Hrsg.), Singen – Spielen – Tanzen, C. C. Buchners Verlag, Bamberg
„Ging ein Weiblein Nüsse schütteln"
in: Elga Vierlinger, So zum Tanze führ ich dich, Valentin Höfling Verlag, München 1949

Gedichte

Der Kasper und der Teufel
Der Kasper sitzt im Ranzen, ja, was ist denn das?
Der Kasper singt lo lo lo und macht ein bißchen Spaß.
Hui, jetzt kommt der Teufel an.
Ob der Kasper sich wehren kann?
Seht, er nimmt das Tintenfaß,
spritzt den Teufel klitschenaß.
Kinder klatschen in die Hände.
Das Kasperspiel ist nun zu Ende.

(Quelle unbekannt)

Weitere Gedichte

„Besorgtes Gespräch unterm Baum", von Rudolf Neumann
in: Liselotte Musil, Es war so lange Tag . . ., Verlag L. Auer, Donauwörth
„Bei Nußknackers", von Josef Guggenmos
in: H.-J. Gelberg (Hrsg.), Bunter Kinderreigen, Arena-Verlag, Würzburg
„Nußknacker"
„Der schlafende Apfel"

„Nüsse" (Rätsel)
in: Margarete Wagner, Unter dem Regenbogen, Verlag Herder, Freiburg
„Teufelsschläue"
in: Hans Baumann, Ein Reigen um die Welt, Sigbert Mohn Verlag, Gütersloh

Hoppe, hoppe Hämmerlein,
der Teufel sitzt im Kämmerlein,
er hat ein goldnes Hütchen auf,
wie viele Federn hat er drauf?
(Der zuletzt Getroffene nennt eine Zahl, die nun weiter abgezählt wird.)

(Volksgut)

Tradition und Brauchtum

Kasperl wollte wohl einen Blick ins neue Jahr tun. Doch da die Nuß wurmstichig war, muß man annehmen, daß das neue Jahr keine guten Zeiten bringen sollte und nur der Teufel seinen rechten Platz darin finden konnte. – Wäre die Nuß aber goldgelb und fett gewesen, so sagt der Volksmund, dann wäre die Ernte reichlich und das neue Jahr glücklich geworden.
Aber auch sonst konnte ein Nußbaum vor dem Haus viel Gutes bescheren, denn er schützte das Heim vor Blitzschlag und eröffnete beim Nüsseknacken viel Wissenswertes über den Lebenspartner. Denn die Nuß diente als Heiratsorakel und wurde von den Jungen als Fruchtbarkeitssymbol an die Mädchen verschenkt.
Um gute Früchte ernten zu können, durfte man aber nicht vergessen, den Baum alljährlich an Weihnachten nach der Mette zu wecken, indem man einen Vers sprach und an den Baumstamm klopfte.

Oktober

Es kommt eine Zeit
da fragen wir uns
Was soll denn nur werden

Die Luft schmeckt
so bitter

Die Vögel sind
über alle Berge

Der Nebel macht
die Häuser bleich

Aufs Dach trommeln
Kastanien

Die kleinen Tiere gehn
unter der Erde spazieren

Wir müssen ins Haus zurück
da hält uns der Regen gefangen

Elisabeth Borchers

Das Oktober-Märchen – frei nach Franz Graf von Pocci:

Das Märchen vom Goldlaub

Zur Deutung

„Das Märchen vom Goldlaub" erzählt von einer armen Frau mit ihren vier Kindern, die nun krank darnieder liegt und ihnen deshalb keine Nahrung mehr spenden kann. Dieses Bild erinnert an das Lied: „Es war eine Mutter, die hatte vier Kinder ..." Vielleicht trifft die Vorstellung von der Mutter Erde mit ihren vier Jahreszeiten auch hier zu.

Das Älteste (Lebenstrieb) geht im Märchen in den Wald (das Sinnbild der weglosen Tiefen der Seele, in denen die schöpferischen Impulse verborgen sind), um dürre Reiser (Symbol der Geißelung und Entbehrung) zu sammeln. Durch die Fee (Symbol der positiven Naturmacht, die Kraft der Seele Natur) erhält es den Stab (Sinnbild der Macht und Kenntnis über unsichtbare Dinge) und ist somit befähigt, „einfache" Blätter in Gold-Blätter zu verwandeln. Das Gold-Blatt stand von jeher für die Herzkraft. Sie verbindet Materie und Geist mit Hilfe des Atem- und Blutkreislaufs. Gold bedeutet ferner aber auch Erleuchtung und Erkenntnis im eigenen Sein. Von diesen Gold-Blättern soll das Kind aber nie mehr, als es gerade nötig hat, von der Eiche verlangen. Die Eiche wurde in der Antike und im Mittelalter als Symbol der Unsterblichkeit verstanden, da man glaubte, ihr Holz könne nicht verwesen.

Nachdem es die Gabe empfangen hat, läuft es freudig nach Hause. Das Haus ist Symbol für das Abbild des Universums und Mittelpunkt der Welt. Die Auflage, nie mehr zu verlangen, als es gerade braucht, entspricht auch der Aufforderung Christi an seine Jünger, als er ihnen sagt, daß Gott allein Sorge für sie trägt, so wie er es auch für die Tiere und Pflanzen tut (Gott als Symbol der Naturmächte). Indem das Kind darauf vertraut, kann es sorglos im Schoß der Natur leben. Das Prinzip des „In-sich-Ruhens" und das Selbstvertrauen auf die Heilkräfte der Natur, die ein Miteinander fordern, werden darin deutlich. Erst als der Teufel (Symbol aller Kräfte, die Verwirrung, Dunkelheit und Tod bringen und den Menschen in sich spalten) alles auf einmal haben möchte, wird der gesunde Rhythmus durchbrochen und die Gabe zur erdrückenden Last.

Die Drohung des Teufels, den spendenden Baum mit der Axt umzuhauen (dem Machtemblem und Gerichtssymbol, wie der Spruch „Die Axt an die Wurzeln des Baumes legen" es ausdrückt), da er nur noch als Brennholz nütze, entspricht geradezu dem gängigen Verhaltensmuster unserer „Zivilisation", die nur auf momentanen Lust- und Nutzgewinn ausgerichtet ist und deshalb alles zu Fall bringt, was nicht ihrem Interesse entspricht, oder aber völlige Ausbeutung ins Auge faßt. Trotz der Warnung des Kindes, das als Symbol der Entfaltung und des Werdens die Kräfte des Ursprungs in die Zukunft trägt, läßt sich der Teufel nicht davon abhalten, alles auf einmal zu fordern. Das Ergebnis ist Chaos und wohl das Ende der fruchtbaren Gabe. Statt Gold-Blättern regnet es eiserne Eicheln. Der Teufel aber flieht zurück in die Erde, wo Gutes und Schlechtes gleichermaßen ihren Ursprung haben. Doch was die Vertreibung des Teufels auslöst, ist gleichzeitig neuer Beginn. Es ist der Anfang allen Werdens, wie es die Eichel als Fruchtsymbol des unsterblichen Baumes darstellt und der Urstoff Eisen zum Ausdruck bringt. Indem das Kind positiv handelt – es sammelt die Eicheln vom Boden auf und vollzieht dabei zwangsläufig eine Verbeugung vor der Mutter Natur –, leitet es die Veredlung ein. Aus eisernen Eicheln

werden Diamanten. Der Diamant symbolisiert den Vorgang der Läuterung und der Erkenntniskraft, dessen Zielpunkt die Überschau-Haltung ist.
Als Gegenstück zu den Gold-Blättern versinnbildlichen Diamanten die Nerven- und Kopfkräfte des Menschen, also sein verarbeitendes Denken.
Darin wird sichtbar, daß Märchen immer im Doppelsinn verfahren und dem Zuhörer innerseelische wie auch außerseelische Deutungsmöglichkeiten anbieten. In diesem Sinne vermittelt uns das Märchen vom Goldlaub eine höchst aktuelle Botschaft, deren Umsetzung bitter not tut.

Gestaltung

Material
Herbstfarbene Tülltücher in einem Korb, ein braunes Tuch, eine Kerze, eine mittelgroße Glasschale mit Wasser, bunte Herbstblätter im Wasser, ein Kartoffelsack, angefüllt mit Herbstlaub.

Vorbereitung
Die Blätter sollen erst kurz vor Gebrauch ins kalte Wasser gelegt werden, sonst wird das Wasser trübe.

Durchführung
Die Kinder sitzen im Kreis. Ein Korb mit herbstfarbenen Tülltüchern steht in der Mitte. Jedes Kind nimmt sich eines heraus und breitet es im Kreis aus, bis er mit Tüchern ausgelegt ist. „Was fällt dir zum Tücherkreis ein?" Die Kinder äußern ihre Assoziationen:
Felder, Länder, Herbstblätter usw.
Die Erzieherin legt in der Mitte ein braunes, rundgeformtes Tuch darauf und entzündet eine Kerze.
Die Kinder sprechen über den Herbst: über Waldspaziergänge, die Ernte, das frühere Dunkelwerden, das Natursterben usw.
Eine Schale mit bunten Herbstblättern wird neben die Kerze auf das Tuch gestellt.

Spiele mit den Materialien
Die Glasschale mit Herbstblättern wird über die Kerze gehalten; das Kerzenlicht leuchtet durch den Schalenboden, bricht sich im Wasser und erhellt die Blätter. Die Farben werden intensiver und die Blattadern deutlich sichtbar.
Die Kinder halten ihre Hände an die Schalenwand, spüren die entstehende Wärme und beeinflussen den Lichteinfall.
Ein Blatt wird herausgenommen und gegen die Kerze gehalten. Wir riechen daran, lassen es abtropfen, betrachten es still und geben es an den Nachbarn im Kreis weiter.
Das Blatt fühlt sich im trockenen und nassen Zustand unterschiedlich an.
Die Kinder lassen das Blatt über der Kerze trocknen.
Die Farben werden matt.

Wir legen es zurück in die Wasserschale und halten es noch einmal gemeinsam über die Kerze. Dann erzählen die Kinder ihre Herbsterlebnisse.
Jedes Kind taucht seine Hand in die Schüssel zu den Blättern ein und erspürt die Feuchtigkeit, um anschließend die Hände gegen das Kerzenlicht zu halten (zur Vorsicht mahnen!): das Licht erleuchtet die Hand- und Fingerumrisse rötlich. Die Kinder lassen die gespreizten Hände über der Kerze trocknen. Ihre Hände werden zu Ahornblättern. Sie tanzen in der Luft und fallen schließlich zu Boden.
Nun beginnt die Erzieherin: Ich möchte euch heute ein Märchen von einem besonderen Laub erzählen (freie Fassung nach Franz Graf von Pocci):

Es war einmal eine arme Frau, die hatte vier Kinder. Als der Herbst kam, wurde sie krank. Nun gab es nichts mehr zu essen und kein Feuer mehr, sich daran zu wärmen. So ging das Älteste in den Wald, um Holz zu sammeln. Als es ein großes Bündel Reisig beisammen hatte, setzte es sich auf einen Stein. Da kam eine schöne Fee zwischen den Bäumen gegangen, die fragte das Kind: „Was blickst du so traurig in die Welt?" „Ach", antwortete es, „wie soll ich fröhlich sein, wo doch meine Mutter krank ist und wir nichts zu essen und kein Feuer haben, uns daran zu wärmen. Nun habe ich Reisig gesammelt, doch wovon soll ich uns etwas zu essen kaufen?" Da sprach die Fee: „Ich will dir helfen. Hier, nimm diesen kleinen Stab. Wenn du damit an den Eichenbaum klopfst, fallen goldene Blätter herunter. Doch verlange nie mehr, als du gerade nötig hast." Augenblicklich war die Fee entschwunden, und das Kind tat, wie ihm gesagt wurde:

    Baum, Baum, Baum,
    erfüll mir einen Traum.
    Laß fallen ein Blatt aus Gold,
    nur eines hätt' ich gewollt.

Und wirklich – es fiel ein Blatt herunter, das war aus reinem Gold. Da lief das Kind voll Freude nach Hause, und von da an hatte alle Not ein Ende. Sie führten ein einfaches, aber sorgenfreies Leben.
Eines Tages aber kam der Teufel, der Schuld an Neid und Habgier hat, über das Land und hörte von dem Wunder. „Ich will dieses Stäbchen bald mein eigen nennen", sprach er im geheimen zu sich. Als nun das Kind wieder zum Baum ging, begegnete ihm der Teufel, der sich als Holzfäller verkleidet hatte. „Warum trägst du solch' schwere Axt mit dir?" fragte es. Der Teufel antwortete:

„Ach, mein Kind, ich werde die alte Eiche fällen." „Aber warum denn nur", fragte das Kind erschrokken. „Sie ist alt und morsch und nur noch als Brennholz zu gebrauchen." Da erzählte das Kind dem Teufel von dem goldenen Blatte und zeigte ihm den Stab. Der Teufel aber sprach: „Gut, wenn dem wirklich so ist, dann will ich es selbst versuchen." Und das Kind gab ihm den Stab mit den gleichen warnenden Worten, wie es ihn von der Fee bekommen hatte. Der Teufel eilte zum Baum, und in seiner Gier befahl er, alles Gold solle herabfallen. Da brach ein heftiger Sturm los und schüttelte die Äste. Aber statt goldener Blätter regnete es eiserne Eicheln auf den Teufel, daß er schrie und im Boden verschwand. Der Teufel wurde seither nimmer gesehen.

Das Kind aber sammelte die Eicheln ein, und kaum hatte es sie berührt, da waren es lauter schwarze Diamanten.

Es dankte dem Baum und zog mit vollen Taschen glücklich nach Hause.

Die Kinder äußern sich zum Märchen. Ein verschnürter Kartoffelsack mit Herbstlaub wird in den Kreis gestellt, befühlt, der Inhalt erraten und ausgeschüttet. Die Kinder spielen mit dem Laub und legen am Ende Blätterbilder auf dem Boden.

Anregungen zum Gespräch

- Was bedeutete die Eiche in den alten germanischen Naturreligionen?
- Der Teufel, was ist das? Wie stellst du ihn dir vor?
- Die Fee ermahnt das Kind zur Genügsamkeit. Der Teufel geht vor lauter Habgier leer aus. Was bedeuten Genügsamkeit und Habgier?

Ideen

- Wir sammeln bunte Herbstblätter, pressen sie und kleben damit Blätterbilder.
- Wir fädeln sie zu Blätterketten und binden Blättersträuße.
- Wir gestalten unseren Zauberstab und erfinden Zaubersprüche.
- Wir suchen uns einen Zauberbaum im Wald, Park usw.
  Wir erforschen unseren Baum: Wir schauen uns seine einzelnen Bestandteile (Blätter, Blüten, Ast, Stamm, Früchte usw.) ganz genau an. Dazu befühlen wir ihn, riechen bzw. schmecken ggf. seine Früchte, horchen dem Blätterrauschen zu, beobachten seine Bewohner . . .
  Wir schmücken unseren Baum mit bunten Bändern.
- Welche Bäume kennen wir? – In einem Korb liegen verschiedene Baumfrüchte, Rindenstücke, Blätter usw. Was gehört zusammen und wie heißen Baum und Früchte?
  Was schenkt uns der Baum? – Holz, aus dem der Schreiner Bretter schneidet. Reisig und Brennholz, um Feuer zu machen. Obst und Nüsse, Schatten, Material, um ein Baumlager zu bauen, Grün und gute Luft für den Hof und die Stadt.
- Wir kochen mit Baumfrüchten: einen Obstsalat, Müsli, Zwetschgendatschi, Apfelringe, Nußkuchen usw.
- Wir vergolden trockene, gepreßte Blätter und andere Trockenpflanzen (Zapfen, Nüsse usw.).
- Wir gestalten einen Baum: Wir malen ihn z. B. als Gemeinschaftsbild auf ein großes Plakat und kleben bunte Herbstblätter an die gemalten Äste. Wir schneiden Goldblätter aus Goldpapier und Schmuckstücke aus den Zeitschriftenwerbungen heraus, die wir an die Äste unseres Baumes kleben.
- Wir malen den Teufel und die Fee.
  Wir gestalten mit Gold- und Schwarztönen.

Spiele

Bäumchen, wechsel dich

Dieses Spiel wird vorwiegend in einem Wald oder Park gespielt. In einem überschaubaren Gelände sucht sich jedes Kind einen Baum. Nur eines hat keinen und ruft deshalb: „Bäumchen, wechsel dich!" Daraufhin tauschen alle Kinder ihre Bäume, und das Kind versucht nun einen Platz zu erhaschen. Wer leer ausgeht, ruft erneut: „Bäumchen, wechsel dich!" Und so fort, solange es Spaß macht.

Zauberstab-Spiel

siehe „Tradition und Brauchtum", S. 116

Weitere Spiele

„Blatt im Herbst". Ein Singspiel
„Im Herbst". Rhythmisches Singspiel
„Der Herbstwind". Ein Kreisspiel
in: Margot Pötschke, Zeige... was du hörst, Edition Hansen, Frankfurt/M.

Lieder

Ihr Blätter, wollt ihr tanzen

(Satz: Wolfram Menschick, aus: R. Hetzner/W. Menschick, Mein Bulldog, der macht dog, dog, dog, Don Bosco Verlag, München 1986[10])

Text und Melodie: unbekannt

2. Da fuhr er durch die Äste
und fragte Blatt für Blatt.
Nun tanzen sie zum Feste,
nun tanzen sie zum Feste,
nun tanzen sie sich satt.

3. Der Winter hat sie leise
mit Flocken zugedeckt.
Nun schlafen sie und träumen,
nun schlafen sie und träumen,
bis sie der Sommer weckt.

Weitere Lieder

„Falle, falle, falle, gelbes Blatt"
aus: Wilhelm Bender, Neue Lieder für kleine Kinder, R.-Kaun-Verlag, München

„Blätterfall, Blätterfall", von G. Hoffmann
„Bunte, bunte Blätter", von G. Hoffmann/R. Krug
„Der Herbst zieht durch die Fluren", von J. Kiese/R. R. Klein
in: Helene Acker u.a., Wir spielen und lernen im Kindergarten, Editura didacticà si pedagogicà, Bucuresti 1975

Tanz

Der Kirschbaum hat sein Laub verloren

2. Da sucht er sich die Schönste aus
und tanzt mit ihr zum Tor hinaus.
Guten Morgen, guten Morgen!

Spielanleitung
1. Vers: Die Kinder singen und gehen im Kreis herum. Einige Kinder sind im Kreisinnern. Bei „Guten Morgen, guten Morgen" bleiben alle Kinder stehen und verbeugen sich.
2. Vers: Die Kinder im Kreisinnern suchen sich ein Kind aus dem Kreis aus. Die Paare tanzen im Seitgalopp durch die erhobenen Arme aus dem Kreis heraus und einmal um den Kreis herum.

(© by Erika Franzke, aus: Edith Schuhmacher, Singspiele und Kindertänze für Kindergarten, Vor- und Grundschule. Schriftenreihe zur Praxis der Leibeserziehung und des Sports, Bd. 68, Verlag Hofmann, Schorndorf 1972²)

Gedichte

Das Blättlein
Das Blättlein fällt leise,
es dreht sich im Kreise,
schwebt auf und schwebt nieder
und fängt sich wieder,
bis es am Ende zu Boden fällt.

(aus: Irmgard von Faber du Faur, Kinderreime der Welt, Verlag W. Dausien, Hanau)

Andere Gedichte

„Ellengröße"
in: H. Heckmann/M. Krüger, Die schönsten deutschen Kindergedichte, Carl Hanser Verlag, München

„Falle, Falle, Falle"
„Vom Bäumlein, das andere Blätter hat gewollt"
in: Margarete Wagner, Unter dem Regenbogen, Verlag Herder, Freiburg
„Ein Baum macht sein Testament"
in: Hans Baumann, Ein Reigen um die Welt, Sigbert Mohn Verlag, Gütersloh
„Die alte Fichte"
in: Bruno Horst Bull, Verskinder, Relief-Verlag, München
„Der Baum"
in: Helmut Zöpfl, Die schönsten Kindergedichte, W. Ludwig Verlag, Pfaffenhofen

Tradition und Brauchtum

Der Wunsch nach Zauberkräften ist so alt wie die Menschheit, und so manches Naturereignis hat früher auf den Menschen wie ein Wunder oder Zauber gewirkt. Ein Zauberstab, der dem Eigentümer die Macht verleiht, selbst Wunder auf Berührung und Ausspruch hin zu wirken, fasziniert die Kinder noch heute. So erklärt sich auch das Fangspiel namens „Zauberstab", das die Kinder an Walpurgisnacht, dem 30. April, in Nassau spielten.

Dabei versuchte der Fänger die Kinder mit einem Zauberstab zu berühren, woraufhin diese in ihrer Stellung verharrten. Die anderen Spieler konnten sie durch Berührung erlösen, wenn sie nicht selbst vom Zauberstab dabei getroffen wurden. Waren drei verzaubert, so wurde der letzte zum Zauberfänger bestimmt.

Damit der Teufel nichts Böses mehr anstellen konnte, wurde er in der Schweiz an Silvester in Form des „Schnabelgeiß" – einer dunklen Schreckgestalt – von einem Engel durchs Dorf geführt. Denn das Gute sollte auch im neuen Jahr das Böse fest im Griff behalten.

November

Es kommt eine Zeit
da lassen die Bäume
ihre Blätter fallen
Die Häuser rücken
enger zusammen
Aus dem Schornstein
kommt ein Rauch

Es kommt eine Zeit
da werden die Tage klein
und die Nächte groß
und jeder Abend
hat einen schönen Namen

Einer heißt Hänsel und Gretel
Einer heißt Schneewittchen
Einer heißt Rumpelstilzchen
Einer heißt Katherlieschen
Einer heißt Hans im Glück
Einer heißt Sterntaler

Auf der Fensterbank
im Dunkeln
daß ihn keiner sieht
sitzt ein kleiner Stern
und hört zu

Elisabeth Borchers

Das November-Märchen – aus Tanganjika – Chaga/Afrika

Die Kürbiskinder

In einem Dorf am Fuße eines hohen Berges lebte einmal eine alte Frau. Ihr Mann war gestorben, und da sie keine Kinder hatte, sah sie mit Bangen einem unversorgten Alter entgegen.
Tag für Tag fegte sie ihr Haus, holte Wasser vom Fluß, sammelte Holz im Wald und kochte sich ihre kleinen Mahlzeiten. Beim Fluß besaß sie einen großen Acker, dort zog sie Gemüse und Bananenstauden. Die meiste Zeit verbrachte sie mit Jäten und Hacken und wünschte, sie hätte Söhne und Töchter zur Hilfe. Die anderen Frauen des Dorfes waren oft unfreundlich zu ihr, und wenn sie müde war von der schweren Arbeit, spotteten sie, daß sie wohl böse sein müsse, da ihr keine Kinder beschieden waren.
In jenem Teil Afrikas glaubten die Leute, daß auf dem höchsten Berg ein mächtiger Geist wohne. Frühmorgens und spätabends sahen sie zum schneebedeckten Gipfel auf und beteten. Auch die einsame Frau betete und bat jeden Tag aufs neue, daß ihr jemand bei der Arbeit zu Hilfe kommen möge. Endlich erfüllte sich ihr Wunsch.
Und das geschah so: sie hatte eines Morgens Kürbissamen gesetzt und bemerkte bald, daß die jungen Pflanzen besonders kräftig waren und unerwartet schnell wuchsen. Jeden Morgen war sie erstaunt, um wieviel sie über Nacht gewachsen waren. Schon kamen Blüten hervor und verwandelten sich dann in Früchte. Die Frau jätete sorgfältig um die Pflanzen herum, denn sie wußte, daß sie bald anfangen konnte, die Kürbisse zu ernten und die Schalen zu trocknen. Die Schalen wollte sie zerschneiden und auf dem Markt als Schüsseln und Löffel verkaufen, wie es dort in der Gegend Brauch war.
Als sie eines Tages den Boden bearbeitete, sah sie auf einmal einen Fremden am Rand ihres Feldes stehen. Erstaunt überlegte sie, woher er wohl gekommen sein mochte, da sie auf dem Pfad, der zum Feld führte, niemanden gesehen hatte. Der Fremde war groß und schön, er wirkte wie ein Häuptling. Lächelnd sagte er zu ihr: „Ich bin ein Bote des Großen Geistes. Er hat mich geschickt, dir zu sagen, daß deine Gebete erhört worden sind. Pflege diese Kürbisse so gut du es vermagst, durch sie wird der Große Geist dir Glück senden."
Der Fremde verschwand ebenso schnell, wie er gekommen war. Die Frau wunderte sich sehr, aber sie war sicher, daß sie nicht geträumt hatte, und arbeitete von nun an noch eifriger als zuvor auf ihrem Feld und überlegte dabei, auf welche Weise wohl durch die Kürbisse das Glück zu ihr kommen sollte, wie es der Bote versprochen hatte.
Nach einigen Wochen waren die Kürbisse reif. Die Frau schnitt sie sorgsam vom Stengel und trug die Früchte heim. Sie schabte das Fruchtfleisch heraus und lagerte die Schalen im Dachgebälk ihrer Hütte, damit sie trocken und hart würden. Dann konnte man sie als Schüsseln und Krüge zum Wasserholen verwenden.
Einer der Kürbisse war besonders schön. Die Frau stellte ihn neben die Herdstelle, an der sie kochte, da sie hoffte, ihn so schneller trocknen und bald selber benützen zu können.
Am nächsten Morgen ging sie früh aufs Feld, um bei den Bananenstauden das Unkraut zu jäten. Da kam der Bote des Großen Geistes in die Hütte, legte die Hand auf den Kürbis neben der Herdstelle und verwandelte ihn dadurch in einen Jungen. Dann berührte er auch die anderen Kürbisse

im Gebälk, und sie wurden ebenfalls zu Kindern. Als der Bote wieder verschwunden war, erfüllte sich die Hütte mit Kinderstimmen. Von den Balken rief es: „Kitete, Kitete, Ältester Bruder, hilf uns doch bitte herunter!" Da stand der Junge von seinem Platz neben der Feuerstelle auf und half den anderen, vom Gebälk herunterzuklettern. Im Dorf hatte niemand etwas davon bemerkt.

Die Kinder liefen lachend aus der Hütte. Einige ergriffen Besen und fegten Haus und Hof, andere jäteten Unkraut und fütterten die Hühner. Zwei füllten die großen Töpfe, die neben der Tür standen, mit Wasser, und ein paar kleine Jungen liefen in den Wald und kamen mit Brennholzbündeln zurück. Nur Kitete, der Älteste, arbeitete nicht. Er war kein Kind wie die anderen, er saß nur einfältig lächelnd neben dem Feuer und hörte dem Gelächter und Reden seiner Gefährten zu. Als alle Arbeit getan war, riefen die Kinder: „Kitete, hilf uns auf unsere Plätze unter dem Dach", und der Älteste hob eines nach dem anderen wieder auf die Balken, wo sie sich gleich in Kürbisse verwandelten. Sobald Kitete seinen Platz am Feuer eingenommen hatte, wurde auch er wieder zu einem Kürbis.

Auch die Frau auf dem Feld war fertig mit ihrer Arbeit und ging langsam heim. Sie trug schwer an einem großen Bündel Schilfgras, mit dem sie ihr Dach neu decken wollte. Als sie sah, daß all ihre Hausarbeit schon getan war, schrie sie vor Verwunderung laut auf und fragte sich, wer wohl in ihrem Hause gearbeitet habe, während sie auf dem Feld war. Sie blickte in alle Winkel der Hütte und des Hofes, konnte jedoch niemanden entdecken. Dann ging sie zu den Nachbarn und fragte: „Wißt ihr, wer all meine Arbeit getan hat, während ich auf dem Feld war?"

„Wir haben viele Kinder in deinem Hof herumlaufen sehen", antworteten die Frauen. „Wir dachten, es seien Verwandte von dir, aber wir haben nicht mit ihnen gesprochen."

Die Frau trat verwundert ins Haus und kochte sich ihr Essen. Sie überlegte, was wohl in ihrer Abwesenheit vorgefallen sein mochte. Plötzlich erinnerte sie sich an die Worte des Boten, der sie am Fluß angesprochen hatte. Er hatte gesagt, der Große Geist würde ihr Glück senden, wenn sie die Kürbispflanzen gut pflegte. Ob dies wohl das versprochene Glück war?

Am nächsten Tag, als die Frau das Haus verlassen hatte, wiederholte sich alles. Die Kinder riefen Kitete, er half ihnen herunter, dann arbeiteten sie. Einige besserten sogar mit dem Gras, das sie am Vorabend heimgebracht hatte, die schadhaften Stellen auf dem Dach aus.

Die Nachbarn hörten die Kinderstimmen, schlichen sich leise zum Hof und beobachteten alles. Sie sahen auch, wie die Kinder hineingingen und dann alles ruhig war.

Als die Frau heimkam und sah, daß wieder alle Arbeit getan war, ging sie vors Haus, blickte zum Berg auf und dankte dem Großen Geist in einem Gebet für seine Güte. Immer noch wußte sie nicht, wie es geschehen war, denn nichts zeigte ihr an, daß die Kürbisse sich tagsüber in Kinder verwandelten.

Die Nachbarn wurden immer neugieriger. Sobald die Frau am nächsten Tag zum Feld ging, schlichen sie zur Hüttentür und spähten hinein. Drinnen verwandelte sich eben der Kürbis neben der Herdstelle in einen Jungen, und man hörte Stimmen aus dem Gebälk: „Kitete, Kitete, Ältester Bruder, hilf uns hinunter." Zu ihrem größten Erstaunen sahen die neugierigen Nachbarsfrauen, wie die Kleinen herunterkletterten, und sie konnten sich gerade noch verstecken, ehe die Kinder lachend aus der Hütte stürmten, um ihr Tagwerk zu beginnen.

An diesem Abend warteten die Dorfbewohner schon auf die Frau und erzählten ihr, was sie gesehen hatten. Die dumme Frau beschloß, selber auch heimlich zuzusehen, anstatt das Geschenk des Großen Geistes unbesehen hinzunehmen.

Am folgenden Morgen tat sie so, als ginge sie aufs Feld, wandte sich aber bald um, schlich leise zur Hüttentür und konnte eben noch die Verwandlung mit ansehen. Als die Kinder aufgeregt aus dem Hause rannten und draußen die verwunderte Frau erblickten, blieben sie sogleich stehen.

„Ihr seid also die Kinder, die mir geholfen haben", sagte die Frau. „Ich danke euch recht schön!"

Die Kinder standen still und sagten nichts, dann nahmen sie ihre Arbeit auf, nur Kitete saß untätig daneben. Als alles getan war, baten sie Kitete, ihnen auf die Balken zu helfen, aber die Frau wollte es nicht erlauben.

„Nein", rief sie, „ihr seid meine Kinder, und ich will nicht, daß ihr euch wieder in Kürbisse verwandelt. Ich koche euch ein Abendessen, und nachher legt ihr euch alle neben dem Feuer schlafen, wie es die Kinder der anderen Frauen tun."

So behielt sie die Kürbiskinder, als wären es ihre eigenen, und die Kleinen halfen ihr so viel auf dem Feld und im Hof, daß sie bald reich wurde und viele Felder, Bäume, Schafe und Ziegen besaß.

Einzig Kitete arbeitete nicht. Er war und blieb einfältig und verbrachte seine Tage neben dem Feuer und hielt es mit dem Brennholz in Gang, das seine Brüder und Schwestern sammelten. Die Kinder wurden älter und größer, und die Frau dankte dem Großen Geist jeden Tag, daß er sie ihr gesandt hatte, und sie war lange Zeit glücklich.

Je reicher sie jedoch wurde, um so ungeduldiger war sie mit dem dummen Kitete und beschimpfte ihn oft, weil er so hilflos war. Eines Nachmittags, als die anderen Kinder draußen mit ihrer Arbeit beschäftigt waren, ging die Frau in die Hütte, um das Abendessen vorzubereiten. Da es draußen sehr hell war, konnte sie zuerst in der Dunkelheit der Hütte gar nichts sehen und bemerkte nicht Kitete neben der Tür. Sie stolperte über ihn und ließ den Topf mit dem gekochten Gemüse fallen. Der Topf zerbrach in tausend Stücke, und die Mahlzeit lag auf dem Boden.

Zornig stand sie auf, wischte sich das Essen vom Gesicht und schrie: „Du bist doch ein Nichtsnutz! Wie oft habe ich dir schon gesagt, du sollst nicht neben dem Eingang liegen! Aber was kann man auch von dir erwarten, du bist ja nur ein wertloser Kürbis." Und sie schrie noch, als sie die anderen Kinder heimkommen hörte: „Und die sind auch nur Kürbisse! Ich weiß gar nicht, warum ich mich überhaupt damit plage, Essen für euch zu kochen!"

Ihr Zorngebrüll verwandelte sich in einen Entsetzensschrei, als sie entdeckte, daß Kitete zu ihren Füßen wieder zu einem Kürbis geworden war. Und als die anderen Kinder hereinkamen und jedes beim Betreten der Hütte umfiel und zum Kürbis wurde, schrie sie noch lauter. Sie ahnte, warum das geschah!

„Was bin ich doch für eine Närrin", rief sie und rang die Hände. „Ich habe die Kinder Kürbisse geschimpft, und jetzt ist der Zauber gebrochen. Der Große Geist ist zornig und hat mir die Kinder genommen."

Und so war es. Die Kinder kamen nie wieder, die Frau blieb allein in ihrer Hütte, und nach ein paar Jahren starb sie einsam und verarmt.

(© *Kathleen Arnott 1962. Translated from AFRICAN MYTHS AND LEGENDS retold by Kathleen Arnott [1962] by permission of Oxford University Press*)

Zur Deutung

Dieses afrikanische Märchen beschäftigt sich mit der Frage nach dem Sinn des Lebens. In der alten Frau begegnet uns die Menschheit und ihr immer wiederkehrender innerseelischer Konflikt, dem sich der Mensch aufgrund seines Bewußtseins stellen muß.

Die Umwelt wird im Dorf dargestellt, wo Mensch, Vieh und Natur in harmonischer Eintracht zusammen leben. Der hohe Berg, an dessen Fuße das Dorf liegt, steht für die Begegnung des Himmels mit der Erde und bringt die überirdische Nähe zum Ausdruck.

Der Tod des Mannes und die Kinderlosigkeit symbolisieren die Ungewißheit der Zukunft. Ein Leben ohne Sinn erschöpft sich in Äußerlichkeiten und innerer Leere, so wie es der Tagesablauf der Alten verbildlicht. Da ihr Akker (der Boden, aus dem die Frucht entspringt) aber am Fluß liegt (Symbol des Fließens der Formen, also der universalen Möglichkeiten, die Tod und Erneuerung miteinschließen), kann sie durch seine Bearbeitung auf Wandlung ihres Lebens hoffen. Gemüse und Bananenstauden, beides Nahrungsmittel mit hohem Nährwertgehalt, stehen für gesunde Erdverbundenheit und süße Himmelsfrucht. Im Kinderwunsch äußert sich die Haltung unbefangener Empfängnis. Töchter (reine Seelenimpulse) und Söhne (fruchtbare Triebimpulse) fehlen der Alten (zivilisierte Menschheit) zur gesunden Lebensbewältigung, so daß sie aus dem Naturvolk ausgeschlossen wird. Der Mensch, der sich mit Hilfe des Geistes (schneebedeckter Gipfel) aus der instinkt- und triebgeleiteten Natur befreit hat, gewinnt die Erkenntnis über den Lebensfluß (verdeutlicht durch das Pflanzen der Kürbisse, die das schnelle Wachstum wie das schnelle Verderben, also die Kürze des dahineilenden Lebens, symbolisieren). Dies ermöglicht es ihm, bewußt aktiv einzugreifen. Da die Frau ihre Saat pflegt, blüht das eigene Leben auf und trägt die Früchte der Erkenntnis. Diese Verwandlung entspringt dem Seelenbereich, dem Unbewußten (verborgen in der Nacht). Am Morgen (Bewußtseinssphäre) nimmt sie ihre Entwicklung mit Erstaunen wahr.

Indem sie aus den Kürbissen Schalen (weitgeöffnete Gefäße, die als Symbole für die menschliche Hülle der Seele stehen) und Löffel (Schöpfwerkzeuge des Lebens) schneiden möchte, um sie auf dem Markt (Symbol für den Lebensraum des Menschen im Kosmos) zu verkaufen, sucht sie den Zugang zum gesellschaftlichen Leben („wie es dort in der Gegend Brauch war . . .").

„Den Löffel abgeben" bezeichnet scherzhaft formuliert die Tatsache des Sterbens, während die Schüssel Assoziationen an die vorgeburtliche Phase (Fruchtblase) erweckt.

Das Märchen spricht zuerst vom Acker, schließlich vom Boden und am Ende vom Feld. Es demonstriert damit die innere Wandlung der Alten. Der Acker läßt an feuchte, schwere Erdschollen denken, die mit Kraftanstrengung gewendet wurden. Der bearbeitete Boden weist auf die gezogenen Furchen hin und erinnert an die Tatsache, daß der Grund- und Bodenbesitz die Voraussetzung für das Bestellen eines Feldes ist. Auf dem Feld stehen die Pflänzchen bereits geordnet nebeneinander und bieten die Aussicht auf baldige Ernte. An diesem Feld begegnet der Alten ein Fremder (Bote des Großen Geistes). Da der Mensch die Größe des Kosmos erahnt, kann er sich selbst darin einschätzen und muß gestehen, daß es Höheres als ihn gibt. Demnach symbolisiert der Pfad, den der Mensch mit seinen Füßen durch die Natur bahnt und der zu seinem Feld führt, die Öffnung und Empfangsbereitschaft eines Lebenswegs, auf dem er mit der übergeistigen Sphäre (fremde Mächte) in Berührung tritt. Die außerirdische Instanz gibt ihm Antwort und leistet Beistand. Trotzdem muß der Mensch selbst reagieren, so wie es die Alte tut, indem sie das „Vergeistigungsritual" ausführt: Die Ernte der reifen Frucht verhindert ihren Verfall an die Erde. Das Entfernen des Fruchtfleischs bedeutet Erhalt und Erhöhung (aus Naturellem wird Materielles). Das Trocknen im Gebälk befreit die Hülle vollends vom Fleisch. Der Ort weist auf eine geistige Sphäre und seine Erhöhung hin. Das Bild von Schüsseln und Krügen, mit denen das Wasser geholt werden soll, erinnert an das Wasser des Lebens.

Den schönsten Kürbis stellt sie neben ihre Herdstelle, also in die Mitte des Hauses (der Bauch). Der Bauch gilt als Zentrum der Kräfteströmung. So wie die Alte weiterhin zum Unkrautjäten aufs Feld zieht, müssen auch wir beizeiten inneren Wildwuchs verhindern.

Durch Handauflegung (das Zeichen des Einswerdens und der Segensvermittlung) werden die Kürbisse zu Kindern (Symbol der Entfaltung des Werdens) und verleihen dem dahineilenden Leben einen Sinn.

Kitete, der älteste Bruder, steht für die Seelenkraft, aus der die schöpferischen Kräfte (Kürbiskinder) freigesetzt werden. Die innerseelischen Vorgänge bleiben der Außenwelt und dem Bewußtsein vorerst verborgen, auch wenn ihre Kräfte bereits positiv nach außen wirken. Während die Seele in der Raummitte ihren Platz einnimmt, verhilft sie den produktiven Kräften in die geistige Sphäre (Dachgebälk). In der Rückverwandlung bleibt das warnende Bewußtsein an die allgegenwärtige Vergänglichkeit erhalten. Erst durch die Ursachenerkenntnis unterbindet der Mensch die Rückverwandlung. Wir entlarven die Geheimnisse der Natur, z. B. die Gentechnik. Dieses Wissen ermöglicht uns ein bewußtes Leben. Verlieren wir aber die Ehrfurcht und Kontrolle, dann bewirkt es das Gegenteil.

Kitete wird von seiner wesentlichen Aufgabe entbunden. Die Kräfte verselbständigen sich. Abgekoppelt von der Seelenkraft, verlieren sie auch die Verbindung zur geistigen Sphäre. Innere Ruhe und äußere Triebsamkeit ergänzen einander nicht mehr. Solange die Alte Kitete akzeptiert und dem Großen Geist dankt, empfängt sie materielle wie auch ideelle Güter. Je mehr wir aber bekommen, um so mehr verlangen wir. Die Helligkeit (die schrillen Eindrücke der Außenwelt) läßt uns für unsere Innenwelt erblinden. Kitete neben der Türe symbolisiert die Seelenkräfte auf der Schwelle zwischen Unterbewußtem und Bewußtem.

Das Gemüse, das anfangs im Rohzustand auftaucht, begegnet uns nun in gekochter Form. Gedünstet ist es für den Körper leichter verdaulich (so wie wir uns allgemein das Leben leichter gemacht haben). Symbolisch bedeutet das Fallen des Topfes (eine menschliche Errungenschaft), daß die Seele zum Stolperstein des Menschen wird, wenn wir sie nicht zu integrieren verstehen. Wir verlieren nicht nur das Gleichgewicht, sondern auch den Sinn des Lebens. Materielle Güter vergehen, und unsere dazu mobilisierten Kräfte dienen lediglich einem Dahinvegetieren, so daß sie, am Ende wieder in Kürbisse verwandelt, uns auf die Kürze unseres Seins hinweisen. Da die Alte keinen Sinn mehr im Dienen am Ganzen sieht, gibt sie sich selbst auf und verliert alle innerlich und äußerlich erworbenen Reichtümer. Die Kürbiskinder verwandeln sich erst nach Betreten der Hütte in Kürbisse. Somit stellen sie einen innerseelischen Prozeß dar.

Gestaltung

Material
Mehrere Kürbisse und Schnitzmesser, eine Schüssel, pro Kind ein fest kartonierter DIN-A5-Zeichenblock, Blei- und Buntstifte, Eßgeschirr für die Kürbissuppe.

Vorbereitung
Im Raum stehen ein größerer Tisch und der Teilnehmerzahl entsprechend viele Stühle.

Durchführung
Die Kinder setzen sich paarweise gegenüber und schauen sich gegenseitig ins Gesicht.

Spielideen
Wer kann dem anderen länger ins Gesicht sehen, ohne den eigenen Gesichtsausdruck zu verändern?
Die Kinder versuchen einander gleichzeitig in beide Augen zu blicken. Sie schauen sich das Gesicht ihres Gegenübers gut an. Man kann sich in den Augen des Partners widerspiegeln.
Die Kinder schließen die Augen und tasten mit den Händen einander vorsichtig das Gesicht ab; dann befühlt jeder mit geschlossenen Augen sein eigenes.
Die Erzieherin regt die Kinder zum Spiel „Selbstporträt" an (Zeichnung S. 27): Dazu bekommt jedes Kind einen stabilen Zeichenblock (DIN A5) und einen Stift. Alle sitzen um den Tisch, die Arme auf die Tischplatte gestützt, die Zeichenfläche hochkant zur Tischmitte gekehrt, so daß nur die Gruppe, nicht aber der Maler selbst seine Zeichenfläche sehen kann.
Die Erzieherin fordert die Kinder nun auf, ihr rechtes Auge zu malen. Schließlich bestimmen die Kinder reihum, welche Gesichtspartie gemalt werden soll. (Die Gesichtspartien sollen möglichst durch-

einander genannt werden, z.B. linkes Auge, Mund, eine Augenbraue, rechtes Ohr usw.).
Am Ende malen die Kinder ihr Selbstporträt noch mit Buntstiften an.
Die Kinder sprechen über verschiedene Masken und ihre Bedeutung in unserer und früherer Zeit. „Welche Masken kennst du?" – Holzmasken, Papier-, Gipsmasken usw.
Dann stellt die Erzieherin einen Korb mit Kürbissen auf den Tisch. „Wer hat schon einmal einen Kürbiskopf geschnitzt? Wie geht das?" Die Kürbisse werden von den Kindern jeweils zu zweit oder dritt ausgehöhlt. (Zur Not kann man auch große Futterrüben verwenden.) Dann wird ein Laternengesicht geschnitzt. Alles Fruchtfleisch kommt in eine Schüssel, um daraus später eine Kürbissuppe zu kochen.
Nun verdunkeln die Kinder den Raum, stecken Kerzen in den Kürbissen an und setzen sich im Kreis darum nieder. Die Erzieherin beginnt: „Stellt euch vor, eure Kürbisse beginnen plötzlich zu sprechen und sich zu bewegen – wie in dem Märchen, das ich euch heute erzählen möchte: . . ."
Die Kinder äußern sich zum Märchen und bereiten anschließend eine Kürbissuppe zu.

Das Rezept für eine Kürbissuppe
Zutaten: 500 g Kürbis, 1 l kochende Milch, 1 Stück Zimt, Zitronenschale, 1 Stückchen Butter, etwas Zucker, etwas Salz, 1 Eigelb.
Zuerst schält man den Kürbis. Wenn er in Stücke geschnitten ist, kocht man ihn in etwas Wasser zu Brei und streicht ihn durch ein Sieb. Die angegebenen Gewürze werden in der Milch ausgezogen. Dann fügt man die Milch hinzu, gibt Butter, Zucker und Salz hinein und macht es nun entweder mit Schwitzmehl sämig oder zieht es mit Eigelb ab. (Der Kürbis sollte gleich nach dem Aushöhlen abgekocht werden.)

Während eine Gruppe die Suppe zubereitet, schmücken und decken die anderen den Tisch. Als Beleuchtungskörper dienen die Kürbisgesichter.

Kürbis, gefüllt (südafrikanisches Rezept)
Kürbis sorgfältig säubern, Deckel abschneiden. Aushöhlen (ca. 15 mm Wand stehen lassen) und innen salzen; das Wasser, das er dadurch zieht, später wegschütten.
Für die Fülle Schweinefleisch würfeln und mit Zwiebeln anbraten. Reis kochen, nicht zu weich. Einen Teil des Kürbisfleisches in Würfel schneiden und andünsten. Alles zusammen mit eingeweichten getrockneten Backpflaumen (ohne Stein), Aprikosen und Rosinen mischen, abschmecken mit Salz, Pfeffer, Curry, evtl. China-Gewürzmischung, und in den Kürbis einfüllen. Zum Schluß mit süßer Sahne und verschlagenen Eiern übergießen. Im Rohr fertiggaren. Der ganz servierte Kürbis ist nicht nur bis auf den Boden eßbar, sondern sieht hervorragend aus und schmeckt vorzüglich: Topf und Nahrung in einem. (Mengen und Gardauer nach Größe)

Anregungen zum Gespräch

– Gemeinschaft und Einsamkeit: Wir vergleichen unser Familienleben mit dem einer afrikanischen Großfamilie. – Viele alte Menschen sind einsam. Woran liegt das? Können auch wir etwas dagegen tun?
– Kinderlosigkeit und Krankheit als Strafe: Im Märchen glauben die Bewohner, daß die alte

Frau wohl böse gewesen sein muß, da sie keine Kinder bekommt. Was glaubt ihr?
- Ein Kind ist ein Geschenk: Wir betrachten ein Fotobilderbuch über Schwangerschaft und Geburt. Die Kinder erzählen, wie sie es erlebten, als ihr Geschwisterchen in die Familie kam.
- Was ich mir ganz fest wünsche, erfüllt sich: Wie im Märchen glauben auch die Kinder an die Erfüllung intensiver Wünsche. Welches „gläubige" Kind hat nicht auch schon einmal den lieben Gott darum bemüht? Die alte Frau aber wird auch selbst aktiv tätig, indem sie die Kürbisse pflanzt, pflegt, erntet und zum Trocknen ins Gebälk legt. Was tun wir, damit unsere Wünsche sich erfüllen können?
- Wir erzählen einander Verwandlungsgeschichten: So wie der Bote des Großen Geistes durch Handauflegen die Kürbisse in Kinder verwandelt, lassen sich viele Wunderberichte erzählen. Die Kinder teilen mit, was sie davon wissen, und hören Wunderbeschreibungen aus der Bibel an. Manche Wunder lassen sich rationell erklären, andere nicht. Es kann auch Dinge geben, die wir Menschen eben noch nicht begreifen, da wir sie nicht fassen können, weder mit unseren Händen noch mit unserem Geist.
- Unbeherrschtheit bringt Unglück: Weil die alte Frau ihren Zorn nicht beherrscht, verliert sie die Kürbiskinder. Hast du schon einmal ein ähnliches Erlebnis gehabt? Manchmal überkommt uns der Zorn und droht unser inneres Gleichgewicht zu zerstören. Unüberlegtheit, die in Beschimpfungen und Verwünschungen ausartet, trifft den anderen tief und kann nur schwer wieder ganz gut gemacht werden. Danach fühlen wir uns oft unsagbar einsam und schlecht. Wir müssen es lernen, uns zu versöhnen, zu verzeihen.
- Wir vergleichen die übrigen Kürbiskinder mit Kitete: Sie führen nützliche Arbeiten aus, während er den Tag am wärmenden Feuer verbringt. Sie sind arbeitsam. Er aber ist verträumt. Sie sind nach außen gerichtet. Kitete aber ist nach innen gekehrt. Kitete hat den anderen Kürbiskindern vom Gebälk geholfen, auf das sie die Alte gelegt hatte. Damit konnten die guten Kräfte erst freigesetzt werden. Dann bildete er den inneren Ruhepunkt, um den das fröhliche Treiben sich bewegte. Erst als die alte Frau immer reicher wurde, sich also verstärkt nach außen wandte, ihre innewohnenden Kräfte aber vernachlässigte und statt dessen materielle Werte betonte, wurde sie mit Kitete ungeduldig und verstand ihn nicht mehr. Wir erleben die anderen Kürbiskinder als fruchtbare Anspannung und Kitete als Entspannung. Beides gehört zu unserem Leben. Wenn das eine das andere beherrschen will, bricht alles entzwei, wie der Topf im Märchen.

Wir betrachten unseren Tagesablauf und suchen die Kürbiskinder wie auch Kitete darin.
- Ich darf anders sein als du: Manchmal verstehen wir den anderen nicht. Er ist uns fremd. Sein Äußeres, sein Verhalten, seine Art. Wir fragen: Warum ist das so? Wir versuchen uns in ihn hineinzudenken und zu verstehen. Aber auch wir können fremd auf ihn wirken mit unserer Art, aufgrund unseres Verhaltens und Aussehens.

Ideen

- Wir lernen Kürbissamen kennen und pflanzen ihn ein. Wie entwickelt sich unser Pflänzchen?
- Wir essen gesalzene Kürbiskerne und stellen sie selbst her.
- Wir besuchen ein Zuckerrüben- oder Kürbisfeld beim Bauern. Welche Arbeit braucht das Feld und seine Früchte?

- Wir betrachten einen Wasserkürbis und lassen ihn trocknen.
- Wir höhlen verschiedene Früchte aus und gestalten etwas aus den Schalenhälften: z. B. Zuckerrüben, Kokosnüsse und andere Nüsse, Orangen, Mandarinen, auch Eier usw.
- Wir basteln Schlaginstrumente oder ein Vogelhäuschen aus Kokosnüssen.
  Wir schnitzen ein Weidenpfeifchen.
  Wir färben mit Naturfarben.
  Wir flechten mit Stroh (Strohsterne, Strohpferdchen usw.).
  Wir basteln mit Maisblättern (Maiskörbchen, Maispüppchen ...).

- Wir basteln verschiedene Laternen für den Martins-Umzug. Wir gestalten unsere Laternen aus Naturmaterial (Kokosnuß, Orangenhälften, Zuckerrüben usw.).
- Wir erfahren etwas über Afrika und seine Bewohner.
- Wir sammeln Bilder von afrikanischen und europäischen Menschen und verbinden sie in einer Collage.
- Wir erzählen alles, was wir über dieses Land und seine Menschen wissen.
- Wir kleiden und schmücken uns wie die Neger.
- Wir bauen uns eine Hütte und tanzen vor Freude zu afrikanischer Musik.
- Wir sind die Kürbiskinder: wir kochen, räumen auf, kehren und fegen.
- Wir malen ein Kürbisgesicht und die Kürbiskinder.
- Wir singen das Lied „Zehn kleine Negerlein" und schauen uns den Text genau an. Es ist ein „spaßiges" Lied, in dem der Afrikaner verniedlicht wird. Kennen wir so ein Lied über die Weißen? Was steckt dahinter? Wir texten es neu und lassen unser gewonnenes Wissen über Afrika miteinfließen.
- Wir erleben die Gemeinschaft und Einsamkeit im Rollenspiel.
  Wir malen ein Gemeinschaftsbild, z. B. die afrikanische Pflanzenwelt.
- Wir machen Atemübungen und Entspannungsgymnastik.

Spiele

Ein traditionelles Wettlaufspiel ist das Kürbisrennen. Die Spieler versuchen ihren Kürbis mit einem Löffel durchs Ziel zu treiben. Das ist gar nicht so einfach, da der Kürbis eine „Schlagseite" hat und nicht immer dorthin rollt, wo man ihn haben will.

Lieder

Kürbismann (aus: Henriette Syndikus, Kinder singen und gestalten. Neue Lieder und Werkarbeiten im Jahreskreis, Don Bosco Verlag, München 1986³)

Ebenso bekannte Laternenlieder wie

„Ich geh mit meiner Laterne"
„Laterne, Laterne, Sonne, Mond und Sterne"
„Licht in der Laterne"
oder das schöne Martinslied mit Begleitung:
„Eija, ich trag' mein Licht"
in: Henriette Syndikus, Kinder singen und gestalten, Don Bosco Verlag, München
„Afrikanisches Spiellied"
in: Dorothée Kreusch-Jacob, Das Liedmobil, Verlag H. Ellermann, München

Laternentanz

Musik: „Stuttgarter Dreier", Musicassette Kallmeyer Verlag, Wolfenbüttel, Nr. 61520.
Schritte: Gehschritt.

Aufstellung:
Diesen Tanz muß ein Erwachsener anführen. Alle stehen im großen Kreis. Die Kinder schauen zur Mitte und halten ihre leuchtenden Laternen vor sich.
Figur 1: Großer Umgang. Mit einer leichten Linkswendung nach außen beginnt der Erwachsene. Er geht am Außenkreisrand entlang. Alle gehen mit, wenn sie an der Reihe sind, und halten mit den Laternen den notwendigen Abstand zwischen dem vorderen und dem hinteren Kind. Ist der Erwachsene bei seinem Ausgangsplatz angekommen, beginnt er die neue Figur.
Figur 2: Balken. Der Raum wird in rechtwinkligen Linien abgeschritten.
Figur 3: Große Schleife.
Figur 4: Schnecke. Figur beim Hineingehen nicht zu eng führen, damit beim Hinausgehen genug Platz für die Laternen bleibt.
Figur 5: Schlußkreis.

Wichtig: Ein Laternen-Tanz sollte zuvor einmal bei Tageslicht ohne brennende Kerze getanzt werden.

(aus: Anneliese Gaß-Tutt, Tanztrubel. Tänze für Kinder von 4–10 Jahren, Don Bosco Verlag, München 1965)

Ein ähnlicher Schreittanz kann abends im Freien natürlich auch mit Kürbismännern oder Rübengeistern ausgeführt werden.

Andere Gedichte

„Was klopft denn da auf meinen Kopf?", von Josef Guggenmos in: Liselotte Musil, Es war so lange Tag . . ., Verlag L. Auer, Donauwörth
„Der Kürbis und die Eichel". Eine Fabel von Seidl
in: Peter Gogen, Das große Erzähl- und Vorlesebuch, Gondrom Verlag, Bayreuth

Gedichte

Der Kürbis erzählt
Ich sprenkle die Hügel
mit gelben Bällen im Herbst,
ich mache die Präriefelder hell
mit Riesenorangen, Goldklumpen –
man nennt mich Kürbis.
Ende Oktober,
wenn es früh dunkelt,
tanzen Kinder
Reigen um mich
mit Liedern vom Herbstmond
und Nebelgespenstern.
Dann bin ich ein Irrlicht
mit schrecklichen Zähnen –
die Kinder wissen: ich mache nur Spaß.

(Carl Sandburg)

Tradition und Brauchtum

Viele Kinder wissen heute nicht mehr, wo und wie Kürbisse wachsen, geerntet werden und wozu man sie gebraucht. Früher, als der Ackerbau Lebensgrundlage vieler Familien war, zogen die Kinder selbst zur Ernte mit aufs Feld. An langen Abenden höhlten sie Rüben und Kürbisse aus, schnitzten daraus wilde Fratzen, beleuchteten sie innen mit einer Kerze (und steckten das Ganze evtl. auf einen Stiel), um im Dunkeln damit durch die Nachbarschaft zu ziehen. Wer mochte da nicht manchen Kürbismann für ein Gespenst halten? Und wenn schon die Erwachsenen sich nicht fürchteten, so war es doch für die Kinder selbst unheimlich in der frühen Dunkelheit mit dem schummrigen Geisterlicht und den eigenen, angsterregenden „Urlauten".
Im Herbst ließe sich auch heute noch wirkungsvoll ein Kürbismann oder ein Rübengeist ins Fenster stellen.

Dezember

Es kommt eine Zeit
da wird es still
Da gehn die Lichter auf
da kommt ein Wind
ruft nach dem Fährmann

Der träumt den Traum
vom goldnen Schiff
Das Schiff hat eine
große Fahrt bei Nacht

Es geht von Haus zu Haus
Es fährt die Straße auf und ab
Es kommt durch alle Länder
Es kommt durch alle Stuben

Da bleibt ein goldner Schein zurück

Elisabeth Borchers

Das Dezember-Märchen – aus der Sammlung der Brüder Grimm:

Die Kristallkugel

Zur Deutung

Dieses Märchen gleicht in vielem den bekannten Sageninhalten. Wir erfahren von einem Jüngling, dessen Mutter, die Zauberin, seine beiden Brüder bereits in Tiere, Adler und Walfisch, verwandelt hat und nun auch ihm das Schicksal eines Bären auferlegen will. Doch er entzieht sich ihr und macht sich auf den Weg, um die verwunschene Prinzessin der goldenen Sonne zu erlösen. Hierin wird uns die Ausgangssituation des Menschen dargestellt, der Kind der großen Mutter Natur ist. Sie wiederum verkörpert sich in den drei Lebensräumen Luft, Wasser und Erde, also Adler, Walfisch und Bär. Der Mensch jedoch ist nicht nur unbewußte Naturkraft, wie ihn die bann-gewaltige „Zauberin" sehen möchte, indem er als Adler (Symbol der Aufflugskraft der Gedanken, gefangen in der luftigen Gedankenwelt), als Walfisch (Symbol der Urwelt, im Vegetativen dahinschwimmend) oder als Bär (dem Symbol des Urlebens) die aggressiv triebabhängige Nur-Kraft des gedankenlos schweifenden Erdwesens verkörpern soll. Vielmehr besteht seine Aufgabe darin, die Struktur von Welt und Seele zu erkennen und auf der Suche nach ihr nicht den verschlingenden, unbewußten und dumpfen Naturmächten zu erliegen.

Deshalb macht sich der Jüngste, Symbol der äußersten Nervenwachheit gegen alle dumpfe Alterung (d.h. sich immer erneuern, wandeln, verjüngen), auf die Suche nach der Sonnenprinzessin, dem Symbol schöpferischer Liebe und Baukraft-Ordnung der Natur, in der alle Gestalten in sinnvollem Zusammenklang stehen. Doch auch sie braucht Taten der Erlösung, um ihm ihre Schönheit und Wirkkraft ganz zu offenbaren.

In der Begegnung und furchtlosen Auseinandersetzung mit den zwei Riesen, mächtig-dumpfen Naturkräften, gewinnt der jüngste Bruder aufgrund geistiger Überlegenheit den Wunschhut und gelangt mit seiner Hilfe zur Prinzessin. Ihre Schönheit kann er aber nur im Zerrbild des Spiegels erkennen, denn ohne die Spiegelung des Inneren, den schöpferisch unerschöpften Impulsen, erscheint sie ihm alt und voller Runzeln. Sie allein kann ihm den Weg zur Erlösung weisen und ist zugleich ganz auf sein erfolgreiches Tun angewiesen. So besiegt er am Fuß des Berges, unten im Wald, an der strömenden Quelle den Auerochsen, das Symbol der das Leben aufbauenden und nährenden Kraft. So wie Berg, Wald und Quelle Sinnbilder ewiger und unerschöpfter Naturmächte darstellen, entspricht auch die Tötung des Auerochsen tieferer symbolischer Bedeutung, nämlich der Verwandlung dieser dumpfen Naturkräfte in die erhellende Kraft des neu erlangten Bewußtseins. Aufgrund dieses Bewußtseins erkennt der Held die Formgesetze aller Gestaltwandlung und kann selbst verantwortlich darauf einwirken, indem er mit der Kraft des Adlers, der Aufflugskraft der Gedanken, dem aus dem Stier aufsteigenden Feuervogel das Ei entlockt. So stellt er den ungezügelten, gewaltvollen Naturmächten und ihren unbewußten Wandlungsprozessen die eigene menschliche Formverwandlung bändigend gegenüber und gewinnt dadurch innere und äußere Harmonie und die Freiheit, dem Bann des unbewußten Gelebtwerdens zu entsteigen. Dies erleben wir sowohl im Kampf zwischen Feuervogel und Adler als auch im Bild des verschlingenden Feuers, das Hütte und Ei zu zerstören droht und vom Walfisch mit dem Element des Wassers bezwungen wird. Ebenso wird darin aber auch die Kraft zur Beherrschung des eigenen Geschlechtstriebs und die so erlangte Freisetzung fruchtbarer Energien zum Ausdruck gebracht, die unbelastetes Fühlen, Denken und Handeln zur positiven Gestaltung der Umwelt möglich macht.

Doch Ziel dieser Auseinandersetzungen ist die Kristallkugel im Inneren des Eis, der ursprünglichsten Verwandlungshülle und -stätte, die unversehrt bleiben muß. Dazu ist es nötig, daß die Schale springt, aber doch nicht zerbricht, so daß die vollkommen ausbalancierte Einheit aller Formgesetze gewonnen wird. Erst jetzt ist der Jüngling im Stande, bewußte Gedankenführung mit unverwirrbar fester Durchsichtigkeit zu vollziehen, was sich symbolisch im Gewinn der Kristallkugel äußert, die nun die Bannkraft der Zauber-Eltern auslöscht und ihm Einsicht und Erlösung für die verwunschene Sonnenprinzessin, die schöpferische Liebe und Baukraft der Natur, ermöglicht. So findet er in der Vereinigung und bewußten Bejahung mit dem Stier, dem Feuervogel (Adler), dem großen Fisch und der Sonnenherrin Erlösung und sie in ihm. Eine Erlösung, die im Symbol der Kristallkugel den Menschen hinter allem Sterben das Unsterbliche erahnen läßt. Doch zur Eroberung der Kristallkugel begibt sich der Jüngling in die Gefahr, von den vitalen Naturmächten überwältigt zu werden oder im Prozeß des Ausformens zu verhärten und endgültig zu erstarren. Eine Gefahr, der auch wir Menschen im technischen Zeitalter begegnen, wenn wir immer mehr in der Neuproduktion von Konsumgütern und im Konsumdenken erstarren und womöglich von den Auswirkungen unserer eigenen Naturschändungen verschlungen werden.

Gestaltung

Material/Vorbereitung
Verschiedene, eingepackte Kugeln. Jede Kugel ist einzeln verpackt. Das Märchen sollte möglichst frei erzählt werden.

Durchführung
Die Kinder sitzen im Kreis auf dem Boden; in ihren Händen liegt eine verpackte Kugel. Soweit sie den Inhalt kennen, versuchen sie ihn der Gruppe zu beschreiben oder, falls sie die Kugel nicht selbst mitgebracht haben, durch Befühlen zu erraten. Nacheinander läßt jedes seine ausgepackte Kugel in die Kreismitte rollen.
Was haben sie gemeinsam?
Was unterscheidet sie voneinander?
Die Kinder tauschen sie untereinander aus. Schließlich überlegt sich jedes Kind eine kleine Geschichte zur Kugel.
Falls die Kugeln von den Kindern selbst mitgebracht wurden, könnte man vielleicht fragen, warum sie diese Kugel ausgewählt haben und wozu sie normalerweise dient.
Am Ende erzählt die Erzieherin ihre Kugelgeschichte, das Märchen von der Kristallkugel: „Es war einmal eine Zauberin, die hatte drei Söhne, die sich brüderlich liebten, aber die Alte traute ihnen nicht und dachte, sie wollten ihr ihre Macht rauben..."
Nach der Erzählung sollte noch etwas Zeit zur Besinnung sein. Verschiedene Spiele im Raum helfen, das Erlebnis „Kugel" zu vertiefen: Die Kinder tragen ihre Kugel auf der flachen Hand durch den Raum. Sie gehen verschiedene Raumwege wie z. B. runde, eckige usw. Dabei sind die Augen einmal geschlossen und einmal geöffnet. Sie steigern ihr Tempo, soweit es geht, ohne die Kugel mit den Fingern zu umschließen, und lassen es wieder stetig abfallen.
Auf ein akustisches Zeichen hin bleiben alle plötzlich stehen und setzen sich auf dem Platz nieder.
Die Kinder lassen die Kugel zwischen den Händen kreisen.
Sie lehnen sich zurück, klemmen die Kugel unter das Kinn, um sie schließlich loszulassen, so daß sie über Brust und Bauch in den Schoß rollt.
Sie werfen und fangen die Kugel.

Das Kind läßt die Kugel um sich kreisen und kugelt sie am Boden in Achterbahnen um die Beine herum.
Jedes Kind sucht sich einen ihm nahesitzenden Partner, wendet sich ihm zu und rollt die Kugeln zwischen ihm und sich hin und her. Schließlich bekommt jedes wieder seine Kugel und probiert im Raum verschiedene Fortbewegungsarten aus, die ein sicheres Tragen der Kugel ermöglichen.
Ein Kind nach dem anderen legt auf ein akustisches Zeichen hin seine Kugel in der Raummitte ab und setzt sich, so daß am Schluß alle Kugeln in der Kreismitte liegen. Dabei kann das Kind selbst entscheiden, wann es auf das Zeichen reagiert,

oder die Erzieherin zeigt es ihm durch Blickkontakt an.

Wenn alle im Kreis sitzen, fordert die Erzieherin sie auf, die Augen zu schließen. Nun versteckt ein Kind eine Kugel im Raum.

Nachdem alle die Augen geöffnet haben, raten sie, welche fehlt, und suchen die Kugel. Wer sie in den Kreis zurückbringt, versteckt die nächste usw.

Am Ende werden die Kugeln in einen flachen Korb gelegt und mit einem Tuch zugedeckt. Die Kinder versuchen ihre eigene durch Tasten wiederzufinden.

Die Erzieherin regt die Kinder an, je eine Weihnachtskugel von zu Hause zum Schmücken des gemeinsamen Christbaums mitzubringen. Oder sie bemalt mit den Kindern gläserne Weihnachtskugeln, die es in der Vorweihnachtszeit zum Selbstgestalten überall zu kaufen gibt.

Anregungen zum Gespräch

Warum hat die Zauberin ihre Söhne in einen Walfisch, einen Adler und den dritten beinahe in einen Bären verwandelt?

Jedes Kind wünscht sich ursprünglich, nach geglückter Identifikation mit den Eltern, so wie sie zu werden oder ihren Wünschen zu entsprechen. Sind diese aber unerreichbar und bedrückend für das Kind, dann wird es sich in der von ihm erlebten Gewalt seiner Eltern gefangen fühlen. Die Reaktion kann Flucht und Angriff oder Aufgabe der Eigenpersönlichkeit sein. In diesem Sinne können die Eltern zu allmächtigen Zaubereltern werden, deren Wirkungskräfte sich das Kind zuerst entziehen muß, um ihnen schließlich mit der Durchsicht des Kristalls entgegenzutreten, was den Zauber entlarvt und ihn somit unschädlich macht.

Deutet man die Zauberin als Mutter Natur und ihre Söhne als Wasser, Luft und Erde, so ergibt sich aus der Verwandlung ihrer Söhne die eigene Verkörperung der Mutter Natur in ihren Söhnen. Also erzählt uns das Märchen im übertragenen Sinn auch etwas vom Einverleibungswunsch vieler Eltern, die ihr Kind förmlich auffressen und sich selbst gern im Kind verwirklichen wollen.

Das Kind fühlt diese Aussage durchaus, und in der formulierten Antwort auf die Frage könnte es ihm bewußter werden. Außerdem gibt das Märchen selbst die Antwort:

Sie will ihre Söhne für immer abhängig halten, um sie zu beherrschen. Dies geschieht aus der Furcht heraus, selbst beherrscht zu werden.

– Wie stellst du dir die Zauberin vor? Die Kinder beschreiben ihre Zauberin, spielen sie vor und malen sie.
– Wie stellst du dir die Prinzessin der goldenen Sonne vor? Wie bei der Zauberin durchführen. Am Ende vergleichen wir die beiden Figuren und stellen fest, daß sie im Gegensatz zueinander stehen.
– Was bedeutet es, verzaubert, verwandelt, verwunschen und erlöst zu sein? Wir sprechen über jeden einzelnen Begriff und stellen fest, was jeder von uns darunter versteht.

Dazu das Spiel: „Was wäre ich . . ."

Die Kinder fragen einander: „Wenn ich z. B. ein Tier wäre, welches möchte ich dann sein?" Sie überlegen sich zur Person passende Antworten. Statt Tier können beliebige Begriffe eingesetzt werden, z. B. Pflanze, Baum, Blume, Schmuck, Buch usw.

Man kann den Satz auch als Rätsel stellen: „Welche Person ist das, die gern dieses Tier wäre . . .?"

– Wir malen unsere Familienangehörigen als Tiere. Vgl. dazu: Gertraud Schottenloher, Kunst- und Gestaltungstherapie in der pädago-

gischen Praxis, Don Bosco Verlag, München 1983, bes. S. 123 ff.
- Wir lösen gemeinsam verschiedene Rätsel und Quizfragen, um den Begriff der Lösung und Erlösung erlebbarer zu gestalten. Welche Lösungs- und Erlösungsmomente kennen wir außer diesen? Die Kinder zählen sie auf und berichten, wenn sie wollen, von persönlichen Erlebnissen: Eine Spannung löst sich, wenn das Gewitter endlich losbricht, wenn ich meine Meinung dazu endlich frei heraussagen kann, wenn ich ein Mißverständnis kläre usw.

Die Langeweile wird durchbrochen und ich von ihr erlöst, wenn ich eine tolle Idee habe, die ich gleich umsetzen kann.

Wenn ich es geschafft habe, bin ich erlöst, z. B. ein kompliziertes Puzzle zusammenlegen, einen Treffer erzielen, ein Spiel gewinnen usw., richtig losbrüllen, weinen und stampfen, aber auch Springen, Lachen und Singen löst mich.

Ich bin froh, wenn sich der Kloß im Hals gelöst hat, nachdem ich z. B. einen Auftritt hinter mir habe.

Es ist erlösend, wenn wir uns wieder vertragen nach einem Streit usw.

Ideen

Wir zaubern: Die Kinder probieren Zaubertricks aus, bringen ihren Zauberkoffer mit (oder stellen selbst Requisiten her) und führen eine Zaubervorstellung durch.

Wir reisen mit dem Wunschhut: Einem Kind wird der Wunschhut aufgesetzt. Es schließt die Augen, stellt sich vor, wo es nun sein könnte, und erzählt der Gruppe von diesem Ort. Wer will, kann so mit dem Wunschhut auf die Reise gehen.

Dazu das Hutspiel: Die Kinder sitzen im Kreis. Eines von ihnen trägt einen Hut, der nun, bei Musik, im Kreis von Kopf zu Kopf weiterwandert. Wer ihn zuletzt auf hat, nachdem die Musik unterbrochen wurde, legt sich nieder. Das Spiel dauert so lange, bis der rechte Wunschhutträger (der zuletzt übrige) ermittelt wurde.

Da nun alle auf dem Boden liegen, könnte man noch einmal das Märchen in die Erinnerung zurückrufen: Alle schließen die Augen. Sie sind mit Hilfe des Wunschhutes im Schloß zur goldenen Sonne angelangt. Die Prinzessin schickt sie hinunter an den Fuß des Berges zur Quelle im Wald. Die Kinder halten das Bild fest und betrachten es eindringlich vor ihrem inneren Auge. Schließlich öffnen alle wieder ihre Augen und beschreiben den Ort. Sie erzählen ihre Erlebnisse von Berg- und Waldwanderungen und vom Fund einer Quelle.

Wir falten uns einen Wunschhut und gehen mit ihm zu unserer Trinkwasserquelle (im Münchner Raum z. B. zum Taubenberg). Wir trinken aus der Quelle.

Wir erfahren, was das Trinkwasser für uns bedeutet, wie es gewonnen wird und wie es zu uns ins Haus gelangt.

Wir lernen den Bären, den Walfisch, den Adler und den Stier kennen. Die Kinder bringen Bilder und Bücher über diese Tiere mit. Wir besuchen die Tiere im Zoo. – Werden wir dort den Walfisch und den Adler antreffen? Warum nicht? Wir erfahren, daß diese Tiere nicht in Gefangenschaft leben können, daß sie viel Raum und Bewegungsfreiheit brauchen, die sie leider immer weniger finden. Jedes Tier hat seine eigene Lebensart. Die Kinder erfahren, was diese Tiere fressen, wo sie leben und hausen, wie sie sich fortbewegen usw.

Sie ahmen die Tiere nach.

Dazu das Spiel: „Alle Figuren verwandeln sich ..."
Die Erzieherin schleudert anfangs jedes Kind, indem sie dieses am Arm festhält, mit sich dreht und schließlich losläßt. Das Kind verharrt in der Stellung, die es nach dem Schleudern eingenommen hat, bis die Erzieherin alle auffordert: „Alle Figuren (Kinder) verwandeln sich, z. B. in einen Adler." Daraufhin ahmt jedes das gewünschte Tier nach. Anschließend schleudert ein Kind alle anderen und fordert sie zu einer neuen Verwandlung auf.

Tiere der drei Elemente: Alle sitzen im Kreis. Die Erzieherin steht mit einem Plumpsack (geknotetes Taschentuch) in der Mitte. Sie nennt ein Element, z. B. „Wasser" (oder Luft, Erde) und wirft den Plumpsack einem Kind im Kreis zu, das nun schnell ein Tier dieses Elements rufen muß, z. B. Luft – Adler, Wasser – Walfisch, Erde – Bär. Hat es bis 1–2–3 kein Tier genannt, so tauscht es mit der Erzieherin den Platz und wirft nun den Plumpsack.

Bewegungsspiel: „Feuer, Wasser, Luft und Erde":
Jedem Element wurde eine Bewegung oder ein Platz im Raum zugeordnet. Feuer – die Kinder legen sich rücklings auf den Boden, oder alle laufen zur Reckleiter.
Wasser – sie legen sich bäuchlings auf den Boden und führen Schwimmbewegungen aus. Oder alle laufen zur Matratze.
Luft – alle springen am Platz in die Luft. Platz: Fensterfront.
Erde – sie knien sich nieder. Platz: die Türe.
Nun laufen alle Kinder nach dem Takt der Trommel frei im Raum umher. Beim Ruf der Erzieherin: „Feuer" (Wasser, Luft, Erde) führen die Kinder die abgesprochenen Bewegungen aus oder suchen die bestimmten Plätze auf. Wer zuletzt die Anweisung befolgt oder falsch ausführt, scheidet aus. Auf diese Weise ermitteln wir den Sieger aller Elemente.

Wir erleben die Elemente „Feuer, Wasser, Luft und Erde". Dazu können wir kleine Experimente durchführen, z. B.: Wasser verwandelt sich beim Erhitzen in Dampf. Durch Reibung entsteht Wärme, usw.
Wir gestalten mit den Elementen, z. B.:

Wir gießen, ziehen oder drehen eine Kerze.
Wir machen Seifenlauge und Seifenblasen.
Wir formen mit Lehm, Ton und Sand.
Wir topfen unsere Blumen um.
Wir tropfen mit einer Kerze „Wachsanhänger" als Christbaumschmuck in einen Joghurtbecher mit Wasser.

Wir erleben die Elemente mit unserem Körper. Wir atmen tief ein und aus. Wir halten die Luft an, solange wir können. Wir laufen mit ausgebreiteten Armen durch den Raum (Adler).
Wir gehen schwimmen und tauchen wie ein Walfisch.
Wir zünden ein Lagerfeuer (den Kamin oder Ofen) an und wärmen uns daran.
Wir vergraben unsere Hände in der Blumenerde oder im Sand.
Feuer, Wasser, Luft und Erde brauchen wir zum Leben. Sie helfen und nützen uns. Aber sie können auch gefährlich werden, z. B. Brand, Überflutung, Orkan, Erdbeben usw.

Wir spielen Vertrauensspiele (dabei nie ein Kind zum Mitmachen zwingen).
„Sich fallen lassen": Alle stehen im engen Kreis um ein Kind. Ein Bein im Schritt nach hinten abgestützt, um einen sicheren Stand zu erreichen. Das Kind hat die Augen geschlossen und hält die Arme überkreuz vor der Brust. Im aufrechten Stand läßt es sich nun nach vorne fallen, wo es von den Kindern sicher aufgefangen, gestützt und im Kreis weitergegeben wird. Das läßt sich auch

zu dritt ausführen, wobei das Kind in der Mitte hin und her bewegt wird.

„Schiffschaukel": Ein Kind wird in einer Decke hin- und hergeschwungen. Ebenso ohne Decke: an Händen und Beinen.

„Gassentreiben": Die Kinder bilden eine Gasse, wobei die jeweils gegenüberstehenden sich an den Unterarmen fassen. Nun legt sich ein Kind bäuchlings auf die Armbrücke. Durch Hoch- und Nieder-Federn der Arme wird das Kind durch die Gasse transportiert.

Wir hantieren mit zerbrechlichen Dingen.
Geschicklichkeitsspiel: Wir tragen ein rohes Ei in der Hand, auf der Handfläche, auf einem Löffel usw. Diese Übung ist auch als Staffellauf bekannt, wobei das Ei durch eine Kartoffel ersetzt wird.

Wir betrachten einen Kristall. Wir schauen uns die Welt durch die Kristallkugel, eine Weihnachtskugel, eine Murmel usw. an. Woher kommt der Kristall?

Wir malen unseren Feuervogel mit gelben und roten Farben.

Spiele

Die Kugel ist das beliebteste Spielzeug. Als Ball, Murmel, Billardkugel und manches mehr findet sie immer wieder ihren Platz im Spiel. Allein das Murmelspiel kennt viele Spielarten wie Murmelreihe, Schlößchen, Murmelbrücke, Kugelbahn usw. Zahlreiche Ballspiele könnten hier genannt werden.

Ein traditionelles Kugelspiel ist das Kugelschlagen in Tirol, wobei entweder Parteien oder Einzelspieler die Kugel am weitesten zu schlagen versuchen. Bekannt sind auch das „jeu de boules" der Franzosen, das Bocciaspiel der Italiener und das Kegeln.

Das Königstöchterlein

Ein Kind kniet auf dem Boden. Es wird mit einem Tuch bedeckt. Alle anderen bilden einen Kreis und halten das Tuch über das Königstöchterlein. Nun läuft ein Kind um den Kreis herum und singt:

„Florian, Pandorian,
wer sitzt in diesem Chorian?
Eine schöne Königstochter,
läßt sich schön begraben.
Mauern woll'n wir brechen,
Steine woll'n wir brechen.
Knick, knack, Florian,
eine hängt sich hintendran."

Bei diesen Worten schlägt es einem Tuch haltenden Kind auf die Hand. Dieses läßt das Tuch los und schließt sich dem Kind an. Nun gehen beide, das Lied singend, weiter im Kreis herum. Das Spiel wiederholt sich so lange, bis sich alle, und zuletzt auch das Königskind, der singenden Reihe angeschlossen haben. Schließlich wird Kind um Kind wieder abgesungen, indem man statt „eine hängt sich hintendran" – „eine hängt sich nicht mehr dran" singt und eins nach dem anderen sich löst. Als Schluß könnte sich aber aus der Reihe auch ein tanzender Kreis bilden, der sich schneller und schneller dreht, bis alle loslassen und zu Boden purzeln.

Lieder

Die Kristallkugel *(Text: Renate Schmidt-Karakatsanis, Weise: Oldenburger Ansingelied)*

1. Kö-nigs-toch-ter, schön-ste Jung-frau, bist ver-wünscht vom Bö-sen.
Ein Jüng-ling will, ein Jüng-ling will dich bald da-von er-lö-sen.

2. Auerochse, Auerochse,
mußt dein Leben lassen.
Der Zaubersohn, der Zaubersohn
wird dich beim Horn schon fassen.

3. Feuervogel, Feuervogel,
laß die Kugel fallen.
Zerbricht sie nicht, zerbricht sie nicht,
dann ist geholfen allen.

4. Bruder Walfisch, Bruder Adler,
heute soll's gelingen.
Diese Kugel, Zauberkugel,
wird die Erlösung bringen.

5. Königstochter, Zaubersohn,
Brautleut' sollt ihr werden.
Der Zauberer, der Zauberer
hat nimmer Macht auf Erden.

Weiteres Lied
„Der Walfisch Jonathan"
in: Dorothée Kreusch-Jacobs, Das Spielmobil, Verlag H. Ellermann, München

Tänze

Ring rang, falladirang ... *Aus Jütland*

1. Ring rang, fal-la-di-rang, fal-la-di blut-ro-te Ro-sen.
„Und krieg ich nicht bald die Prin-zes-sin zu sehn,
Ring rang, fal-la-di-rang, fal-la-di blut-ro-te Ro-sen.

2. So breche ich Stein' aus der Mauer heraus!
3. Ja, tu's nur, solange du Lust dazu hast!
4. Und krieg ich nicht bald die Prinzessin zu sehn,
5. so brech ich die halbe Mauer entzwei!
6. Ja, tu's nur, solange du Lust dazu hast!
7. Und krieg ich nicht bald die Prinzessin zu sehn,
8. so brech ich die ganze Mauer entzwei!

(Textübertragung und Satz: Gottfried Wolters/Aus Jütland. Aus: Gottfried Wolters, Das singende Jahr, Möseler Verlag, Wolfenbüttel und Zürich)

Spielvorschlag
Die Kinder bilden einen Kreis. In der Mitte des Kreises hocken einige „Prinzessinnen". Die gleiche Anzahl Jungen als „Prinzen" sind außerhalb des Kreises.
Es werden gleich mehrere „Prinzen" und „Prinzessinnen" gewählt, damit recht viele Kinder am Spiel beteiligt sind.
Auf die Worte: „Ring, rang, falladirang, falladi blutrote Rosen" wird immer die gleiche Schrittfolge getanzt!

Takt 1 + 2: 2 Schritte gehen, 4 Laufschritte in den Kreis hinein, beim letzten Schritt klatschen.
Takt 3 + 4: 7 Laufschritte aus dem Kreis herauslaufen, nach dem letzten Laufschritt aufstampfen. Beim veränderten Text des 1., 2., 4., 5., 7. und 8. Verses singen die Jungen allein (zweite Notenreihe), den 3. und 6. Vers die Mädchen. Alle Kinder bleiben bei dem Zwiegesang stehen.
Wenn die Jungen singen „so brech ich die ganze Mauer entzwei!", durchbrechen sie den Kreis, nehmen sich eine „Prinzessin" und tanzen mit ihr

mit auf dem Rücken gekreuzten Händen die Schrittfolge des Kreistanzes nebeneinander innerhalb der Kreislinie vorwärts.
Die übrigen Kinder klatschen dazu.
Beim nächsten Durchgang sind andere Kinder „Prinzen" und „Prinzessinnen."

(aus: Edith Schuhmacher, Singspiele und Kindertänze für Kindergarten, Vor- und Grundschule, Verlag Hofmann, Schorndorf 1972)

Anderes Tanzspiel
„Wer sitzt in diesem hohen Turm?"
in: Hans W. Köneke, Das darstellende Spiel, B. Schott's Söhne, Mainz 1960

Andere Gedichte
„Runde Sachen"
in: Josef Guggenmos, Wenn Riesen niesen, Ueberreuter-Verlag, Wien
„Der Schmuck für den Weihnachtsbaum", von Marina Thudichum
in: Liselotte Musil, Es war so lange Tag . . ., Verlag L. Auer, Donauwörth
„Das Glaskugelspiel"
in: Helmut Zöpfl, Die schönsten Kindergedichte, W. Ludwig Verlag, Pfaffenhofen
„Die Halskette des Medizinmannes"
in: Richard Bletschacher, Milchzahnlieder, Verlag Jugend und Volk, Wien
„Kugel-Kegel"
in: Josef Guggenmos, Es las ein Bär ein Buch im Bett, G. Bitter Verlag, Recklinghausen

Gedichte

Die gelben Weihnachtskugeln
Still sitz ich im Weihnachtszimmer,
starre in den Tannenbaum:
In den gelben Weihnachtskugeln
spiegelt sich der ganze Raum.
Mutter stellt den Mandelstollen
grad auf den gedeckten Tisch,
und gespiegelt in den Kugeln
lockt er sehr verführerisch!
Peter spielt mit den Pferdchen,
die jetzt vor der Heizung stehn;
in den gelben Weihnachtskugeln
sind auch sie genau zu sehn.
Immer auf den Baum zu schauen,
das ist, was mir heut gefällt:
in den gelben Weihnachtskugeln
spiegelt sich die ganze Welt!

(Bruno Horst Bull)

Tradition und Brauchtum

In Indien, Japan, China und den Südseeinseln wird seit über dreitausend Jahren die Wahrsagerei mit der Kristallkugel ausgeübt. Die Wahrsager konnten mit Hilfe der Lichtreflexe des Kristalls und durch die starke Vertiefung in sein Inneres Bilder wahrnehmen, die bis zu Visonen gesteigert wurden. Dabei geht man davon aus, daß diese Bilder Nachbilder der Wirklichkeit oder auch Erinnerungen sind, die der Wahrsager mit seiner Kristallkugel aus dem Unbewußten löst.
Mit der Schusterkugel verbindet sich auch bei uns eine alte mystische Tradition (z.B. Jakob Böhme [1575–1624], der Schusterphilosoph).
Erinnert sei auch an die mit Wasser gefüllten bunten Glaskugeln, die früher in vielen Gemeinden am Karfreitag das Heilige Grab schmückten.
Auf Tarock-Karten finden sich farbig gezeichnete Kugeln, die vom Himmel auf den Boden niederschweben. Sie symbolisieren die fruchtbare Energie, den Samen des Lebens.

Für die vorschulische Erziehung ...

Bettina Haefele/Maria Wolf-Filsinger
Aller Kindergarten-Anfang ist schwer
Hilfen für Eltern und Erzieher

Darstellung der Eingliederungsprozesse beim Kindergarten-Eintritt; Zusammenhänge zwischen seiner Bewältigung und der Lebenssituation der Kinder; viele hilfreiche, praktische Vorschläge, wie Eltern und Erzieher die Kinder während dieser Zeit unterstützen können. Diese leicht lesbare und locker aufbereitete Hilfe gehört in jeden Kindergarten und sollte allen Eltern bei der Anmeldung ihres Kindes oder beim ersten Elternabend empfohlen werden.
60 Seiten, 8 Zeichnungen, kartoniert.

Ilse Pichottka
So wachsen Kinder in die Welt
Psychologische Grundlagen und pädagogische Anregungen

Ein praxisorientierter Ratgeber für Berufserzieher und Eltern, nach Grundsätzen der modernen Entwicklungspsychologie aufgebaut, und eine umfassende Information über die wichtigsten Wachstumsstufen, Krisenzeiten und Störungen in der Entwicklung des Kindes bis zum Schulalter. Das Buch gibt konkrete pädagogische Anregungen und entwickelt das Verständnis des Erziehers für die jeweilige Situation.
152 Seiten, kartoniert.

Monika Paxia
Mit Geschichten Probleme lösen
Alltagssituationen im Kindergarten

28 Problemlöse-Geschichten zu den kleinen Freuden und Enttäuschungen des Kindergartenalltags, die eine Schwierigkeit in der Gruppe indirekt und humorvoll zu bewältigen helfen. Für Erzieher, Eltern und Gruppenleiter.
72 Seiten, kartoniert.

Sigrid Köhn
Geschichten für kleine Kinder
Zum Vorlesen, Erzählen und Spielen

28 lebendige Geschichten für Kinder ab eineinhalb bis etwa 5 Jahren, meist Tiergeschichten, in deren kleinen und großen „Helden" sich die Kinder – samt ihren Problemen – mit Freude wiederfinden. Mit einigen hübschen Illustrationen und einer hilfreichen Einführung für Eltern und Erzieher.
64 Seiten, illustriert, kartoniert.

Anneliese Gaß-Tutt
Tanztrubel
Tänze für Kinder von 4–10 Jahren

Eine Sammlung von 58 Tänzen für Kinder von 4–10 Jahren. Für Pädagogen (ohne Tanzausbildung) in Kindergarten, Grundschule, Heim und Hort, Gruppe und anderen außerschulischen Bereichen.
Das Musikangebot umfaßt leicht zugängliche Kinder-Tanz-Lieder und modern arrangierte Tanzmusik für Kinder.
108 Seiten, zahlreiche Zeichnungen und Noten, kartoniert.

Henriette Syndikus
Kinder singen und gestalten
Neue Lieder und Werkarbeiten im Jahreskreis

Neue Lieder mit einfachster kindgemäßer Begleitung, Spiele und Vorschläge zum gestaltenden Tun für alle Höhepunkte im Jahreslauf. Eine erfrischend heitere, aus der Praxis entstandene Sammlung neuer Ideen für Kindergarten und Grundschulbereich.
2. Auflage, 78 Seiten, zahlreiche, teils farbige Abbildungen, kartoniert.

Volker Rosin
Das ist unsere Welt
Neue Lieder für Kinder von 3–10

Zu jedem der 43 Lieder gibt es Spiel- und Instrumentationsanregungen für Eltern und Pädagogen. Eingängige Melodien und abwechslungsreiche, moderne Texte machen Spaß und sind leicht zu erlernen. Akkordbezifferungen erleichtern das Begleiten mit einem Instrument.
60 Seiten, zweifarbig illustriert, kartoniert.

Rita Diepmann
Tri-tra-trallala
42 neue Kasperlstücke für den Kindergarten

Aus der Praxis, oft unmittelbar aus Alltagssituationen entstandene Spielvorlagen, die sich aufgrund ihrer Unkompliziertheit für jeden Erzieher zum Nachvollziehen und zu spontanem, direktem Spiel mit den Kindern eignen.
2. Auflage, 96 Seiten, kartoniert.

... aus dem Don Bosco Verlag, München